やがて
ロシアの崩壊が
はじまる

石井 英俊

《発刊に寄せて》

すべての民族の自由のために捧げられた記念碑的な作品

南モンゴル人権情報センター　代表
エンフバット・トゴチョグ

私の友人である石井英俊氏の新著『やがてロシアの崩壊がはじまる』が出版されるにあたり、一言お祝いを申し上げることを大変光栄に思います。世界中の権威主義政権が、いわれのない不当な侵略によって戦争犯罪、大量虐殺、人道に対する罪を犯すことをますます露骨にしている中、この歴史的著作の出版は、これ以上ないほどタイムリーなものです。ロシアによるウクライナへの全面的な侵略、中国による近隣諸国への領土的野心と占領下の南モンゴル、チベット、東トルキスタンでの大規模な虐殺、そしてイスラエルによるパレスチナでの継続的な殺戮は、人類が何世紀にもわたって戦って勝ち取った自由、人権、人間の尊厳が存亡の危機に直面しているという事実を物語っています。

石井英俊氏との友情とコラボレーションがどのように始まったかについて触れる前に、読者の皆さんに私自身と私の仕事について簡単に説明しておかなければならないと思います。私は中国による占領下の南モンゴルで生まれ育ったモンゴル人です。南モンゴルは、中国の根深い中華思想のプロパガンダにより、「内」モンゴルとも呼ばれています。1998年、私は政治難民としてアメリカに渡りました。2001年、私は南モンゴルの亡命者仲間とともに「南モンゴル人権情報センター（SMHRIC）」を設立しました。これは、南モンゴル人のあらゆる権利を促進し保護することを目的としたニューヨークを拠点とする人権団体です。この20年間、SMHRICは国際舞台において、600万人の声なき南モンゴル人の事実上の代弁者となってきました。SMHRICは、主要な人権団体、新興メディア、国連の人権機関、米国議会、国務省、欧州議会との連携を通じて、南モンゴルの人々や民族が抱える重要な問題、懸念、不満、そして要求や願望を国際社会に訴えてきました。

私とSMHRICの仲間たちは、幸運にも石井英俊氏と知り合うことができ、日本の国会や日本国民に南モンゴル問題に対する関心を高めてもらうための取り組みで協力することができました。石井英俊氏は、国家戦略家、プロのロビイスト、そして長年にわたる人権擁護者であり、抑圧されたすべての人々と民族の民族的自由を断固として主張する者として、アジア太平洋地域全体の少数民族問題の専門家であるだけでなく、南モンゴル、チベット、東トルキスタンという被占領国の民族の自由、民族自決、そして究極的な民族独立の強力な支援者でもあります。石井英俊氏の比類のない努力と日本の国会、日本政府、日本の報道機関との強力なネットワークのおかげで、南モンゴルの人権問題は、チベット人やウイグル人の問題とともに、日本の政治・社会の領域で明るみに出るようになりました。2023年6月、石井英俊氏は東京で、南モンゴルの人権の重要問題について、SMHRIC代表団と日本の国会議員との会合をコーディネートしました。ＳＭＨＲＩＣと南モンゴルの人々は、南モンゴルの幸福と未来のためにたゆまぬ努力と情熱的な擁護活動を続けてきた石井英俊氏と最愛の妻石井陽子氏に大きな恩義を感じています。

抑圧された人々と民族の自由に対する石井英俊氏のコミットメントはそれだけにとどまりません。自由で主権を持つウクライナへのロシアによる野蛮な侵略が世界に衝撃を与えた時、石井英俊氏は、いかなる国の自由と尊厳も他国の野蛮さと帝国主義に打ち負かされることを望まない闘士たちと手を携えて戦いに挑みました。２０２３年8月、石井英俊氏は東京の国会での第7回「ロシア後の自由な民族フォーラム」の開催に尽力しました。この新しく出版された本は、大いなるモンゴル民族の常に歴史的領土であったブリヤート共和国、カルムイク共和国、トゥヴァ共和国、アルタイ共和国を含む、ロシアによって抑圧され占領されたすべての民族の自由のために捧げられた、石井英俊氏のもう1つの記念碑的な作品です。

目次

第1章　ロシア・ウクライナ戦争が呼び覚ました民族運動

第1節　「ロシアを41に分裂させる」運動との出会い

ロシアは必ず崩壊する

「やがてロシアの崩壊がはじまる」と題したことにより、そもそも本書を1文字も読まずして感情的に反発する声が、すでに聞こえてきそうだ。あるいは「崩壊などするはずもない」といった冷笑も聞こえてくる。それでもあえてこうタイトルをつけることにした。それは、ロシアは必ず崩壊する。いや、崩壊しなければならないと確信するからだ。

かつてアジア・アフリカのほぼ全ての国々は欧米列強の植民地だった。第二次世界大戦の前に、いったい誰が今日のような世界地図を想像しただろうか。いたとしても夢想家と笑われていただけだろう。コロンブスの時代から先の大戦に至るまで、400年あるいは500年もの間、アジア・アフリカは過酷な植民地支配を受け、何世代にもわたって奴隷であることがごく当然であるかのごとき状態だった。しかし、いまアジア・アフリカ諸国は、貧困や紛争の問題をいまだ抱えてはいるものの、その多くが独立を勝ち取り、少なくとも奴隷的植民地支配からは脱している。

また、かつてアメリカと世界の覇権を二分し、世界の超大国として君臨したソ連も崩壊した。プラハの春、ハンガリー動乱、バルト三国の悲劇と多くの血が流れた。ソ連に立ち向かうなど無駄な抵抗で、おとなしくじっとしている他ないと多くの人が感じていたことだろう。だが、ソ連は崩壊して15

に分裂し、東ヨーロッパはソ連の支配から脱することができた。

なぜ、ロシア連邦だけが、「1つの」「統一された」「不可分な」ロシアを未来永劫絶対に維持することができるなどと言えるのだろうか。

ここであらかじめ断っておくが、何もロシアが今日明日、または来年にでも崩壊すると著者は言っているのではない。5年後かもしれないし、10年後かもしれない。あるいは、「プーチン後」かもしれない。ただ指摘しておかなければならないことは、本書でこれから述べていくように、2022年に本格侵攻がはじまったロシア・ウクライナ戦争によって呼び起こされた「民族運動」により、ロシアは不可逆的に引き返せない地点を明らかに超えている。〝Point of No Return〟を超えたのだ。「やがて」がいつなのかは、まだわからない。だが、「〝やがて〟ロシアの崩壊がはじまる」だろう。歴史の流れは決して変えられないのだ。

「プーチンの歴史観」を否定する

〝Make Russia Muscovy Again〟（ロシアを再びモスクワ大公国に）

最初にこの言葉を目にしたのはX（旧ツイッター）だったが、思わず吹き出してしまった。ロシア連邦下のある民族運動家の投稿だった。もちろん、トランプ前大統領の「Make America Great Again」をもじったものであることは明らかなのだが、実に皮肉が効いていると思うとともに、実はことの本質を最も表している言葉なのではないかと思わされた。

要は、そもそも「ロシア」とは何か、という問題なのだ。国際的にも度々指摘され、プーチン自身が繰り返し何度も述べているように、ロシア・ウクライナ戦争は「プーチンの歴史観」が元となって起こっている。すなわち、プーチンが自らを歴史家だと語り、歴史論文まで発表して繰り返しているところの「ウクライナ人とロシア人の歴史的一体性」という問題だ。ウクライナなどそもそもないのだ、全てロシアなのだ、とプーチンは言う。ソ連崩壊こそ20世紀最大の悲劇だと言い、偉大なロシア、偉大なソ連の復活こそが、プーチンの世界観、歴史観なのだということはよくわかる。

だが、歴史を語るなら、待ってほしい。ウクライナをどうこう言う以前に、そもそもチェチェンはロシアではないだろう。タタールスタンも、ブリヤート・モンゴルもロシアではないではないか。人種から見ても、宗教から見ても、もちろん歴史の上において、チェチェンも、タタールスタンも、ブリヤート・モンゴルもどう見ても全てロシアではない。バシコルトスタンもトゥヴァもサハも違うだろう。他にも、いまロシア連邦に組み込まれている多くの民族や地域で、そもそもロシアではなかったところは数えきれないほどある。

歴史を語るなら、本来のロシアとは、モスクワ大公国ではないのか？　〝Make Russia Muscovy Again〟（ロシアを再びモスクワ大公国に）というのは、実に言い得て妙なのではないか。

ここで1つ紹介したいものがある。今年（2024年）2月12日のエルベグドルジ元モンゴル国大統領のX（旧ツイッター）への投稿だ。エルベグドルジは、チンギスハーンにはじまるモンゴル帝国全盛期の地図、すなわち現在のロシア連邦を丸ごと含んだユーラシア大陸のほぼ全域を支配していた時代の地図を投稿して次のように記していた。「プーチンの話の後。私はモンゴルの歴史的地図を見つけた。心配しなくていい。モンゴル人は平和的で自由な民族だ」と。「プーチンの話の後」というのは、この投稿の直前、2月8日に公開された、アメリカの著名ジャーナリストであるタッカー・カールソンによるプーチンへの単独インタビューの中で、プーチンが延々と「ウクライナとロシアの一体性」について歴史の話をしたことを指していることは明らかだ。このエルベグドルジの投稿は強烈な皮肉だ。歴史の話をするなら、ウクライナがロシアに属するかどうか以前の話として、ロシアそのものが丸ごとモンゴル帝国の領域だった歴史もある。ロシア人の側からは「タタールのくびき」と呼ばれるように、約240年もの間、現在のロシア一帯はモンゴル帝国によって支配されていた。モンゴル人が歴史的領土を全て回復するともし言ったら、ロシアは存在しなくなってしまう。「心配しなくていい。モンゴル人は平和的だ」と書いているのは、皮肉以外の何物でもない。英語でのこの投稿は約1、200万ビューを数え、国際的にも、また日本でもメディアでニュースとして流れるほど、大きな反響を呼んだ。

大きく歴史を捉えるとこうだ。様々な民族が暮らしていたユーラシア大陸に、最初に巨大帝国を打ち立てたのはモンゴル帝国だ。13世紀にユーラシア大陸の東で興り、東から西へ進んで、遂には東ヨーロッパまで征服した。そのモンゴル帝国が分裂し、弱体化していく中で、今度は逆に、16世紀以降、モスクワ大公国さらには改称してロシア帝国が、西から東へと侵攻して、現在に至る広大な領域を支配下に治めた。ロシア人という単一の民族が、いまのロシア連邦の領域に最初から住んでいたわけでも、国があったわけでもないことは歴史的に明白だ。

さて、今日、日本を含め国際社会においては、ロシアを支持する人々の間ではロシアによるウクライナ侵攻が「プーチンの歴史観」によって正当化されているのに対し、ウクライナを支持する側は、主権国家の領土への侵略であるとの「国際法」の論理で反論をしている。だがここで、著者は全く違う視点を提示したい。「歴史観」に対して「歴史観」で対立軸を打ち立てたいのだ。著者はロシア連邦下の諸民族の歴史、その歴史観、民族ナショナリズムに注目している。

本書が提起する問題は、「プーチンの歴史観」に対するもう1つの歴史観、〝アナザーストーリー〟なのだ。

問題は〝ロシア内部〟で起きている

昨年（2023年）、ロシアの民間軍事会社ワグネルを率いるプリゴジンの反乱は1日にして収束したが、大きな衝撃を世界に与えたことは間違いない。鉄壁に見えたプーチンの支配体制下にあって、モスクワまでわずか200キロというところまで「進軍」したということも驚きを呼んだ。また、ロシアの反体制派指導者の1人であるナワリヌイの葬儀に際し、プーチン体制の強烈な締め付けがある中にもかかわらず多くの人々が集ったということも、まだ記憶に新しい。

今年3月の大統領選挙においては9割近くもの得票率を示し、プーチン体制は圧倒的に盤石に見え、いますぐに体制が揺らぐという事態は起きないのであろうが、中長期的視点に立った時に、ロシア内部から起こる体制崩壊という可能性がわずかでも見えたことの及ぼす影響は決して無視できるものではない。ウクライナ戦争が長期化し終わりが全く見えない中にあって、いま世界が注目しているポイントの1つであることは間違いない。

ロシア・ウクライナ戦争は、前線の膠着状況とは裏腹に、まだ表面的にはあまり見えていないが、大きな動乱を引き起こそうとしているかもしれない。1991年、巨大なソ連帝国は崩壊し15ヵ国に分裂した。その時に独立を目指したが軍事力でねじ伏せられたのがチェチェンなどであり、または独立にまでは機運が盛り上がらなかった多数の民族がいた。今度のロシア・ウクライナ戦争は、再び大きな地殻変動を引き起こすかもしれない。一旦は冷えて固まって溜まっていたマグマを、戦争という状況が揺り動かしているとも言える。ロシアの民族問題というマグマが一気に吹き出すかもしれないのだ。今度もまたプーチン体制が力でねじ伏せることができるのかどうかが焦点だ。ウクライナの前線にほぼ全ての陸軍が出ていってしまっており、ロシア内部がいわば空白とも言える状況なのがポイントだろう。

例えば、昨年（2023年）11月末には、シベリア東部ブリヤートにおけるトンネルで、軍事物資を運ぶ列車を爆破する攻撃をウクライナの情報機関「保安局」（SBU）がおこなった。今年1月にはサンクトペテルブルグのガス工場を炎上させるという無人機による攻撃もおこなわれた。

これまでウクライナは、欧米からの政治的な圧力により、ウクライナの国境内部での戦いのみをおこなってきていたが、支援が先細りしてきたことに反比例して、ロシア内部への攻撃を始めている。

ウクライナ側に立って戦うロシア人による義勇軍である「自由ロシア軍団」や、「ロシア志願兵軍団」「シベリア大隊」による共同記者会見がウクライナにおいておこなわれ、今後も「特別解放作戦」を継続するとの発表もおこなわれている。これらのウクライナ側によるロシア内部への攻撃と、ロシアの民族問題がどう結びついていくかに著者は注目している。火種は至る所にある。

そして、それに加えて3月にモスクワでの大規模テロ攻撃を加えてきたイスラム国である。あらゆる方面からロシア内部への攻撃が起きている。プーチンは、ウクライナに対して正面から「敗戦」することはなくても、内部から崩れるかもしれない。

日本国内では、ロシア・ウクライナ戦争についての報道は、昨年（２０２３年）秋のガザでの戦闘勃発によりそれ以前と比べるとかなり減ったとはいえ、それでも毎日のように報道されていることには違いはない。どこどこの集落をロシアが奪った、またはどこどこにミサイルが落ちて何人が亡くなった、と非常に詳しく報道されている。毎日の戦況の変化、一進一退の攻防について、ロシア人も知らないのではないか、いやウクライナ人すら知らないだろうと思わされるほど、事細かに戦場の様子を毎日テレビが報じている。だが、そのような戦況報道の一方で、ロシアの民族問題という、非常に大きな問題については少なくとも大手メディアで目にすることはまずないと言っていい。もちろん報道するためには、何か事件が起きたり、犠牲者なりが出ないと、報道として作りにくいということはわかる。しかし、全くないというのはあんまりではないだろうか。これで本当に戦争の行方を分析していると言えるのか。何の情報収集も、何の分析もおこなわれていないのではないか。

本書が提起したい問題はまずはここだ。親露派であろうと親ウクライナ派であろうと、関係はない。ロシア連邦には民族問題が存在し、２０２２年以降明らかに民族運動は大きくなっている。その事実をまず見るべきではないかということだ。安全保障、インテリジェンスの基本として、まずは情報収集が的確におこなわれる必要がある。本書がそのきっかけになればというのが、著者の思いだ。

問題は前線（戦場）で起きているのではない。ロシア内部で起きているのだ。

「ロシアを41に分裂させる」運動

さて、この「ロシアの内部崩壊」という問題を考える時に、非常に興味深い運動がいま世界各地でおこなわれている。「ロシア後の自由な民族フォーラム（Free Nations of Post Russia Forum）」だ。ロシアからの分離独立を訴える多くの民族、「捕虜国（捕われた国々／Captive Nations）」の代表者などで構成されている。一般的に「チェチェン武装勢力」と呼ばれているチェチェン・イチケリア共和国亡命政府の代表や、イリヤ・ポノマリョフ（自由ロシア軍団 政治部門幹部）なども含まれており、かなり幅の広い連合組織である。

2022年5月8日にポーランドのワルシャワで第1回フォーラムを開催したことを皮切りに、これまで約2年の間に、ヨーロッパ、アメリカの各地で計11回（2024年6月現在）のフォーラムを立て続けに開催してきている。当初、ロシアは35に分裂するとの地図を掲げていたが、その後運動に参加する民族（グループ）が増え、現在ではロシアは41に分裂するとのセンセーショナルな地図を掲げて活動している。本書のカバー表と、カバー裏に、「ロシア後の自由な民族フォーラム」が掲げている地図を掲載している。カバー裏側は「モスクワ帝国（ロシア連邦）が崩壊した後の独立主権国家の地図」だ。数えると42の国がある。これは、彼らによると、チェチェン・イチケリア共和国は、現在はロシア連邦に占領されているものの既に独立国家であるので、それ以外が41に分裂するという意味だとのことだ。

そして、2023年3月には同フォーラムはロシア政府によって「望ましくない団体」に指定された。

日本では、第7回フォーラムが、昨年（2023年）8月1日と2日の2日間、東京において開催された。初日は国会（衆議院第一議員会館）が会場となり、自民、立憲、維新、国民民主と与野党から5人の現職国会議員も参加した。著者も企画段階から当日のサポートまで加わり、初日も2日目もフォーラムにおいてスピーチをおこなった。著者自身は主に中国の民族問題・人権問題（チベット、ウイグル、南モンゴル、香港、中国の民主化）にたずさわってきた人間であり、ロシアについてはこれまで関与してきたことがなかった。ではなぜこのように深く関わることになったのか。きっかけはモンゴルだった。

中国、モンゴル、そしてロシアへ

「ロシア後の自由な民族フォーラム」の存在を最初に著者に教えてくれたのは、アメリカ在住の南モンゴル出身のモンゴル人だった。著者は元々は中国共産党政権の支配下で苦しんでいるチベット、ウイグル、南モンゴル、香港などの諸民族や、中国の民主化を求めて運動している中国人たちを支援する活動を長年続けてきている。中国における民族問題、人権問題が専門であって、ロシア問題の専門家ではない。そのため実は、ロシアにおいて、かくも多くの民族問題があり、運動として広がっていることを全く知らなかったのだ。正直に言って、知っていたのは、チェチェン紛争くらいだった。

話を聞くとこうだ。アメリカにおいて、ロシア連邦から独立を訴えているブリヤート・モンゴル（第3章第3節参照）の人々、さらにはオイラト・カルムイク（第3章第2節参照）の人々が組織を結成して、ロシア連邦からの独立運動を本格的に始めたとのことだ。ブリヤート・モンゴルもオイラト・カルムイクも、民族的にはモンゴル人だ。すでにアメリカにおいて、アメリカ連邦議会、国務省、または国連などに対して長年の活動実績と経験、人脈を擁している南モンゴルのモンゴル人たちが、同じモンゴル人ということでつながりを持ち、協力関係を築いているというのだ。著者は南モンゴルのモンゴル人から紹介を受け、ロシア連邦下のモンゴル人たちと交流することになった。

さて、中国における民族問題、人権問題と比較すると、ロシアの民族問題は全く状況が違っている。日本国内においても、また国際社会においても、チベットやウイグル、または香港などにおいて人権問題が存在していることは、すでにある程度認知されている。国連でも度々報告がおこなわれているし、G7の共同声明にも盛り込まれているほどだ。我が国でも、不十分な内容とはいえ、2022年2月に衆議院、同12月には参議院において「新疆ウイグル等における深刻な人権状況に対する決議」がほぼ全会一致に近い圧倒的多数で可決されている。だが、ロシアにおける民族問題は、支援云々の前に、まずそもそもほとんど知られていないのではないだろうか。チェチェン紛争ぐらいしか思い当たらないというのは、何も著者に限った話ではないと思う。

しかし、著者は長年中国における諸民族の支援に関わってきて、もちろん大変思い入れがあるのだが、中国とロシアの現状を比較すると、いまはロシア連邦のもとの諸民族の方が、独立を含めて様々なチャンスが明らかに大きいと思える。まず第一に、ロシアは戦時下にあるのだ。そして、西側の国全体からの制裁を受けるとともに、実質的にウクライナでの代理戦争に突入している。これは中国とは全く違う状況だ。さらに、チベットもウイグルも香港も、人権問題として言論活動や欧米諸国からの経済制裁などを求める活動をおこなっているだけだが、ロシア連邦からの独立を訴えている諸民族は、ウクライナにおいてウクライナ軍のもとで武装し、規模の大小はあるにせよ「軍」を作り、戦場において実戦経験を積み重ねていこうとしている。

かつて、先の大戦のおり、例えばインドネシアでは日本軍がＰＥＴＡ（郷土防衛義勇軍）というインドネシア人の武装組織を創設した。もちろん、日本の戦争に協力してもらう目的があったのは当然だが、同時に、４００年間にわたってオランダの植民地支配下にあり、言語もバラバラで、軍事組織などあろうはずもなかったインドネシア人にとっては、またとない機会となったことも事実だ。実際、日本敗戦後に再びインドネシアを植民地にしようと再上陸してきたオランダ軍に対し、独立戦争を戦ったインドネシア人たちの中核部隊は、この時日本軍によって組織され、訓練を受け、武器を与えられたＰＥＴＡだったのだ。

そう考えると、第2章以降で詳しく述べるが、いまウクライナにおいて、ロシア連邦からの独立を訴える諸民族が、義勇軍として武装し、訓練を受けて実戦投入されていることは、将来大きな意味を持つことになるかもしれないのだ。ここが、中国における諸民族の人権運動と、ロシアにおける諸民族の独立運動の決定的違いだと著者は思う。

さて、著者が「ロシア後の自由な民族フォーラム」においておこなった3つのスピーチを紹介したい。それぞれ短い持ち時間の中ではあったが、著者がまずは伝えたいと思うポイントが詰まっている。

ロシアの弱体化が中国の強大化となってはならない（第7回「ロシア後の自由な民族フォーラム」初日 総合コメントスピーチ／２０２３年8月1日）

日本は１９０４～１９０５年にロシア帝国との戦争に勝ちました。もちろん陸軍や海軍が活躍をしたのですが、その時ロシア帝国に勝つことができた大きな要因の1つに、明石元二郎という人がいました。当時陸軍大佐だった明石元二郎はロシア帝国を内部から崩壊させるという秘密の任務を帯びていました。つまり日本は、陸海軍の戦いだけではなく、ロシアを内部から崩壊させるという秘密工作を仕掛けることによって、ロシアとの戦争に勝ちました。この歴史を私たちは思い起こす必要があるということを、いま休憩時間の間に和田有一朗先生（衆議院議員）がおっしゃられていました。私も全く同感です。

さて、このフォーラムが提起している「ロシアを41に分裂させる」という話には、非常に新鮮な驚きを感じています。私は中国の民族問題、つまりチベット、ウイグル、南モンゴル、香港などへの支援の活動をしています。中国に民族問題があることは国連でもG7でも大きな話題になっているわけですが、ロシアにも民族問題があるということ、それもこれほど多くあるということには衝撃を受けました。ロシアの中で自由と独立を求めている人々を応援していきたいと思っています。

その上で一点だけ言わなければなりません。ウクライナのブダノフ情報総局長の誕生日ケーキの件は触れておかなければなりません。彼の誕生日ケーキに描かれていたロシアの地図は41ではなく3つに分裂していました。西側3分の1がロシア、真ん中がアジア、東側3分の1は中国になっていました。ロシアが41に分裂することは歓迎しますが、このように3つに分裂することは受け入れられません。

つまりポイントはこうです。ロシアが弱体化し分裂することが、中国の強大化につながることは受け入れられない、ということです。その意味で、ロシアからの独立を求め、自立した自分たちの国を作りたいという皆さんの気持ちは応援したいと思いますが、同時に、中国の影響下、コントロール下には入らないという戦略をしっかりと描いていていただきたいのです。

応援していきたいと思っています。

満洲引き揚げの家族として（第7回「ロシア後の自由な民族フォーラム」2日目 スピーチ〈当日は英語〉／2023年8月2日）

私は日本人で、国際人権活動家です。私のこれまでの活動の多くは、中国共産党政権によって圧迫されている人々、つまりチベット、ウイグル、南モンゴル、香港、そして中国の民主化を求めている中国人たちをサポートする活動でした。縁があって、皆さんのこのフォーラムに加わることができて、大変うれしく思っています。

今日はフォーラムのトップバッターを務めることができてとても光栄です。

さて、個人的な経験から少し話をしたいと思います。第二次世界大戦の終戦直前の1945年8月9日、ソ連は日ソ中立条約を一方的に破棄して、どさくさ紛れの攻撃を満洲において日本に仕掛けてきました。第二次世界大戦の間中、戦場となった他の多くのアジア地域と違い、満洲は戦火もなく、平和な状況でした。ところがこの日を境に、満洲は突如として地獄と化したのです。

ブダペスト覚書を破ってロシアがウクライナを侵略した時に、私はソ連のこの侵略の歴史を思い出し、ロシアは何も変わっていないと思いました。ロシアとの約束は守られないのです。

さて、実はこのソ連が満洲に侵攻した時に、私の祖父母、そしてまだ幼かった私の父は、その満洲にいました。私の先祖はもちろん日本人なのですが、この時期、私の祖父は満洲鉄道で仕事をしていたのです。

ソ連の攻撃によって満洲では大変な殺戮がおこなわれました。最低でも60万人にのぼる日本人が、ソ連各地に強制連行されました。この時の戦いは悲惨なものでした。老人や女性たちを先に逃がすために、少年たちまでもが爆弾を抱いてソ連軍の戦車に飛び込んで行きました。その記録は涙なしには読めないものです。大変大きな犠牲が出ました。

私の祖父母も父も、たまたま運良く生きて日本に帰ってくることができました。だからいま私はこうしてここにいるのです。ソ連の侵略は、私にとってはファミリーヒストリーであり、私自身の問題なのです。

いまロシアの侵略と戦っているウクライナの人々、そしてチェチェンの人々、またその他の民族の人々に心から敬意を表します。日本人も、私の家族も、同じ経験をしました。多くの犠牲が払われていることを私は深く受け止めています。

政治的なレベルで話をすると、日本は第二次世界大戦の平和条約をロシアとの間にまだ結んでいません。ロシアが終戦のどさくさに火事場泥棒で侵略して奪った領土を返していないからです。終戦のどさくさと言いましたが、正確に言うと、8月9日に侵略を開始し、日本がポツダム宣言を受け入れて降伏した8月14日を過ぎても一方的に攻撃を続け、連合軍との降伏文書に署名した9月2日のさらに後に北方領土を占領したのです。国際条約も何もかも無視した、一方的な侵略、これがソ連の蛮行です。この問題はいまも解決していません。ロシアは領土を返すふりをしながら、日本政府からの経済援助を引き出すという嘘を数えきれないほど繰り返してきました。もうこのような嘘に付き合う必要は全くないと私は思います。

「ロシア後の自由な民族フォーラム」の皆さんが、北方領土はもちろん、樺太も千島列島も日本に返すべきだと主張してくださっていることに私は感謝します。歴史的に日本の領土であったもの、ソ連、ロシアの侵略によって一方的に奪われたものを、日本も取り返さなければなりません。

最後に、民族自決を求めて立ち上がった皆さんに一言伝えたいと思います。チベット、ウイグル、南モンゴル、香港が中国の植民地という状況から独立すべきであることと同じように、ロシア連邦の植民地下にある抑圧された民族もその意志によって民族自決と独立を勝ち取る権利があると私は思います。中国もロシアも、独裁国家・帝国であり、解体されるべきです。歴史の流れの方向性は明らかであり、問題は起きるか起きないかではなく、いつどのような形で起きるかです。その道がどれほど困難であるかは、いま現に血を流して戦っているウクライナやチェチェンの人々が最もよく知っていることです。大変困難な道のりだと思います。しかし、必ず実現します。永遠に続く独裁国家など歴史上に存在しないのです。

ただし、注意しなければならないポイントが1つあります。それは、ロシアの弱体化が中国の強大化につながるようなことはしてはならないということです。このフォーラムに集っている皆さんがそのようなことを望んでいないことは理解しています。私はそれは信頼しています。ロシアから独立を勝ち取った皆さんが、次は中国のコントロール下に入ることがないようにするためには、経済や軍事を含めた総合的な戦略が必要です。そこを間違うと、アジアにはさらに悲劇的な未来を招き寄せてしまうことになります。日本人として、私はそのような未来を受け入れることは絶対にできません。自由、人権、民主主義といった基本的価値観を共有する国々の確固たる連携が必要不可欠です。私は皆さんを応援します。私は常々このように言っています。日本はアジアの自由の砦になるべきだ、と。

ロシアの脱植民地化を！　ユーラシアに自由と独立を！

ロシア外務省からの抗議が来た（第8回「ロシア後の自由な民族フォーラム」オンラインスピーチ〈当日は英語〉／2023年10月14日）

さて、前回のフォーラムを東京で開催できたことは私にとってもとても光栄でした。日本で皆さんと交流できたことは素晴らしい時間でした。まずは、その第7回フォーラムのあとに起きた出来事について報告します。

8月1日と2日の2日間、第7回「ロシア後の自由な民族フォーラム」が開催されました。初日の会場は日本の国会であり、与野党から5人の国会議員が参加しました。そしてそれらの日本の国会議員を含めて、東京宣言に署名がおこなわれました。非常に素晴らしいフォーラムだったと思います。

その後、そのフォーラムが開催されたことに対して、8月7日、ロシア外務省が在ロシア日本大使館に対して「断固とした抗議」を申し入れてきました。おそらく日本政府としてはかなり面食らったであろうその抗議内容とは、ロシア政府系の通信社スプートニクの日本語版によると以下のようなものです。

「ロシア後の自由な民族フォーラムの会合のために日本政府が公式的にフィールドを提供した」「同

フォーラムは岸田文雄政権の同意なしに日本で受け入れられるはずはない。岸田政権はテロリスト的レトリックとロシアに対する憎悪イデオロギーをあからさまに支援している」

日本政府の関与を一方的に決めつけ、「内政干渉」であると批判してきています。さらには次のように強圧的な威嚇までおこないました。

「警告にもかかわらず、煽動が繰り返された場合、ロシアとの関係で日本の国益にとって最もデリケートな部分への報復措置があるものと、日本は覚悟すべきである」

ロシア外務省から日本政府へのこの「抗議」は、事実として全く間違っています。皆さんも知っている通り、そもそも「ロシア後の自由な民族フォーラム」は完全に民間主催でおこなわれたイベントです。2日間の内、8月1日は国会（衆議院第一議員会館）を会場としておこなわれましたが、議員会館の会議室使用には、仕組み上、日本政府は全くの無関係です。議員会館の会議室は、国会議員が空いている部屋を予約すれば使用できる仕組みです。しかも今回のフォーラム開催にあたって部屋を押さえたのは野党の国会議員です。日本政府が会合のために場所を用意したなどというのは全く事実と異なっています。それに、ロシアや中国のように政府による言論統制が国家の隅々にまで行き渡っている国と違い、日本には言論表現の自由、政治活動の自由があり、同フォーラムの開催も政府の許可を得て開催されるような性質のものでもなんでもない。フォーラムの開催に、日本政府の関与は一切ありませんでした。

当然のことですが、在ロシア日本大使館は「日本政府が関与しておこなわれたものではなく、そのような抗議をされること自体受け入れられない」とロシア外務省に伝えました。真っ当な対応だったと思います。

さて、今回のフォーラムで、核兵器ゼロ・ポストロシア協定（Zero Nuclear Weapons Post Russia Pact）が署名されたことは画期的なことだと私は思います。私はロンドンでの議論も今日の議論もまだ聞けていません。アーカイブを聞こうと思っています。すでに議論されているかもしれませんが、私はあえて質問をしたいと思います。ブダペスト覚書が破られてロシアがウクライナに侵略した今日において、ウクライナ人は核兵器を放棄したことを後悔していないのでしょうか？　ウクライナが核兵器を放棄していなかったら、今日の戦争はなかったのではないか、という問いかけは重要だと思います。「ポストロシアスペースに生まれる新しい国家にとって、核兵器ほど安全保障を強くするものはない」という意見を持つ人はいないのでしょうか？　私は日本人です。多くの日本人は核兵器のない世界を望んでいます。ロシア、北朝鮮、中国という敵対的な核兵器保有国に日本は囲まれているにもかかわらず、日本の核兵器保有を望んでいる日本人はほとんどいません。同じ状況にある韓国では、多くの韓国人が核兵器保有を望んでいます。それと比べても、日本人の核兵器への拒否感は非常に強いです。岸田政権は今年のG7サミットを広島で開き、ゼレンスキー大統領も招いて、核兵器廃絶への理想を語りました。ロシア連邦の崩壊が核兵器の拡散につながる危険性を無視することはできません。テロリストや武器商人に核兵器が渡される可能性も否定することはできません。Zero Nuclear Weapons Post Russia Pact はすばらしい文書です。しかしこれらの危険性に対する回答が明確に示されないことには、世界の主要国の支持を得ることは難しいのではないかと心配しています。

チキン・キーウ演説――未知への恐怖

最後に「チキン・キーウ演説」と呼ばれるエピソードを紹介して本節を締めくくりたい。「チキン・キーウ演説」とは初代ブッシュ大統領（いわゆるパパ・ブッシュ）がウクライナのキーウにおいて1991年8月1日におこなった演説の俗称だ。ニューヨーク・タイムズのジャーナリストが名付けたもので、アメリカでは有名なソ連の台所料理「チキン・キーウ」（バターたっぷりのフライドチキンレッグ）と臆病者・弱虫といった意味のスラングである「チキン」をかけているのだ。

背景はこうだ。ソ連は1988年から1991年12月26日にかけて崩壊の道をたどった。その一連の過程の中で、ブッシュ大統領は1991年7月30日にモスクワを訪問してゴルバチョフ大統領と首脳会談をおこない、さらに8月1日に当時はまだソ連のいち共和国だったウクライナを訪問して、ウクライナ・ソビエト連邦最高会議の演壇において演説をおこなった。ソ連訪問は3日間の日程だった。

ブッシュ大統領の演説のクライマックスは次のようなものだ。

「我々は、自由、民主主義、経済的自由を求める中央と共和国の人々を支援する。私たちはお互いの利益のために働き、あなた方の内政には干渉しない」

「米国に対し、ゴルバチョフ大統領を支持するか、独立を求めるソ連全土の指導者を支持するかの選択を求める声もある。それは間違った選択だと思う。我々は、ゴルバチョフ大統領のソ連政府と可能な限り強固な関係を維持する。しかし、私たちはソ連の生活の新たな現実にも感謝している。そして、我々自身も連邦として、各共和国との良好な関係、つまり関係の改善を望んでいる」

「アメリカ人は、遠くから押し付けられた専制政治を地方の専制政治に置き換えるために独立を求める人々を支援することはないだろう。民族的憎悪から生まれた自殺的なナショナリズムを推進する人々を助けることはない」

ここでブッシュ大統領が「自殺的なナショナリズム」という言葉まで使ったことは、当時、ウクライナはもちろんアメリカにおいても激烈な批判を受けている。

「ロシア後の自由な民族フォーラム」のメンバーであり、私の友人でもあるセルゲイ・スムレニー（ヨーロッパ・レジリエンス・イニシアティブ・センター）はこう批判している。

「ブッシュ大統領は公然と、ウクライナの代議員たちに対し、独立の考えを捨て、モスクワへの忠誠の道を追求するよう呼びかけ、アメリカ大統領が信頼するモスクワの新指導者（著者注：ゴルバチョフのこと）の民主的な性格に期待したのである」

しかし、歴史はブッシュ大統領の演説とは真逆の方向へと進むこととなった。8月1日のブッシュ演説の3週間後、8月24日にはウクライナは独立を宣言、12月1日にはウクライナの国民投票において90％以上が独立を支持、さらに12月26日にはソ連そのものが消滅することとなった。時間軸で振り返ってみると、ブッシュ大統領の演説はあまりにも的外れだったことがよくわかる。なぜそのようなことになってしまったのか。セルゲイはこう語っている。

「ブッシュ演説は、〝西側諸国がいかにウクライナで何が起きているのかわからず、モスクワばかりを見ているか〟ということの真髄、とウクライナではみなされている。」

「このようなつたない演説をした理由は何だったのか？　なぜアメリカ大統領チームの誰も、その道徳的弱さと政治的不適切さに気づかなかったのだろうか？　明らかに、ブッシュ大統領とそのチームの現実を明確に見極める能力は、恐怖心によって堕落していた。恐怖が彼らの目を曇らせ、ソ連はほとんど消滅しており、ソ連を救う意味はない、という明白なことを見抜けなくしていたのだ。ソ連の崩壊はジョージ・H・W・ブッシュにとって恐ろしい未来だった。（中略）身近な巨悪であるソ連の崩壊は、民主的だが未知の（！）新国家の誕生よりも、大きな危険と認識されていたのだ。この不合理な恐怖から、アメリカ大統領は、ソ連を救うために自らの権限を投じざるを得なかった」

「チキン・キーウ演説」におけるブッシュ大統領の失敗と、それに対するこのセルゲイの批判とは、まさに今日にも通じる話ではないだろうか。「〝身近な巨悪であるソ連の崩壊〟は〝民主的だが未知の新国家の誕生〟よりも大きな危険と認識されていた」という言葉をよくよく噛み締める必要があるように思う。

次節以降、いまロシアで何が起きているのかを具体的に見ていきたい。これらは著者が直接インタビューし、対話したものをまとめたものである。

第2節　「ロシア後の自由な民族フォーラム」とは何か

インタビュー：オレグ・マガレツキー（「ロシア後の自由な民族フォーラム」創設者）

まず、第7回「ロシア後の自由な民族フォーラム」が2023年8月1日と2日の2日間にわたって東京で開催されると発表された7月6日の直後に、同フォーラムの創設者であるウクライナ人、オレグ・マガレッツキー（ウクライナ・キーウ在住）に、日本でのフォーラム開催にあたっての目的などについてインタビューをおこなった記録から紹介したい。

石井　今日は時間をいただきましてありがとうございます。あなたと話ができることをとてもうれしく思っています。実は私は中国の新聞では「チベット独立、ウイグル独立、南モンゴル独立、香港独立、台湾独立を煽り、中国の国家分裂を画策している男」と度々名指しで批判されています。ロシア政府の側から見れば、あなたは「ロシアの国家分裂を画策している男」ということになるでしょう。つまり、私たちの会話は、「中国の国家分裂を画策する男」と「ロシアの国家分裂を画策する男」の対話です。なかなか面白い出会いだと思っています。

マガレッツキー　ええ、実にパーフェクトなマッチングですね。日本で実際に会えることも大変楽しみにしています。よろしくお願いします。

新しいプラットフォームを構築する必要がある

石井　最初にあなたのプロフィールを簡単に教えてください。あなたはキーウに住んでいるウクライナ人で、「ロシア後の自由な民族フォーラム」の創設者ですよね。どのような経験、政治的な活動をしてきたか、そしてどのような経緯でこのフォーラムを創設することになったのでしょうか。

マガレッツキー　私は大学では組織の管理、グローバル・マネージメント、つまりビジネスだけでなく、公共サービスなど様々な組織を管理する方法を学びました。組織をどう発展させるか、どう大きくするかについて学びました。だから、私の職業は戦略的開発のようなもので、戦争がない普段の生活では、コンサルタントのような仕事をしていました。

戦争が始まると、私はどうすれば戦争を止められるか、どうすれば当面の平和だけでなく、ヨーロッパ、東アジア、アジア太平洋地域における協調的な戦略構築の機会を獲得できるような真の勝利を手に入れられるかを考えました。そして、そのことを考え始めた時に、このプラットフォームのアイデアが浮かんだのです。

石井　このフォーラムの創設前にも政治的な活動に参加されたことはありましたか？

マガレツキー　ええ、もちろんです。私はウクライナ人であり、祖国を愛する市民です。２００４年から２００５年にかけてのオレンジ革命に参加しました。学校からマイダン（著者注：キーウの独立広場）へ行き、革命に参加しました。両親は心配していました。２回目は２０１３年から２０１４年にかけてのユーロ・マイダン革命です。以前から始めていた多くの活動を、銃乱射事件などがあった最後の時まで続けました。

そして２０１４年にロシアとの戦争に参加しました。兵士のように前線に行き、ロシア兵による銃撃を受けました。だから前線から帰ってきた時は、ビジネスのための生活ではなくなりました。私は政治を変えようと思いました。なぜかというと、国をより良くするために努力すべきだからです。私は、コンサルティングのように、マーケティング・コミュニケーションを理解している人が好きです。私は様々な政党、リベラルな政党を応援しました。私はリベラルなマインドを持っています。だから、ボランティアとして応援しました。お金のためではありません。

石井　このフォーラムを作ろうというアイデアはどのようなところから生まれたのですか?

マガレツキー　〝いわゆるロシア連邦〟（著者注：ソビエト連邦の時代とは違い、ロシア連邦においてはロシア連邦を構成する共和国に、連邦から独立する自由は憲法で認められていない。そのため、真の意味では「連邦制」ではないという主張）の内部におけるフラストレーションは非常に高まっています。「捕われた国々」や植民地のように扱われている地域の問題を私は理解していました。そして、私はこれらの支配に反対です。

しかし、実はロシアの反体制派や野党のように見える人たちも、ロシア連邦保安庁（ＦＳＢ）やその他のロシアの特殊部隊にコントロールされていることがあります。彼らは自分たちの体制やシステムを本当に変えたいのではなく、いわゆるロシア大統領という肩書きの名前を変えたいだけであったりします。彼らは現在の体制を守りたがっています。そして、彼らは様々な民族を自由にすることを望んではいません。

だから私は、ＦＳＢのような背景や資金やプロパガンダのない、新しいプラットフォームを構築する必要があると考えました。捕われた国々や地域の運動を代表する様々な人々と話をし、そのように考えるＥＵやアメリカ、イギリスの人々と連絡を取り合い、２０２２年の春にこのプラットフォームを構築してスタートしました。

日本はアジアで最も強力な自由民主主義国家

石井　これまで既に６回のフォーラムをおこなっていますね。

マガレッキー　はい。最初はポーランドのワルシャワで、２０２２年の5月8日（ヨーロッパの戦勝記念日）に開催しました。２回目はプラハ（チェコ共和国）。3回目はバルト海のグダニスクです。グダニスクもポーランドですが、非常に興味深い場所です。グダニスクはドイツ語での都市名はダンツィヒで、第二次世界大戦が始まった都市です。３回目のフォーラムでは、バルト海とスカンジナビア地域のポスト・ロシアについて話しました。

そして4回目のフォーラムは、スウェーデンのヘルシンボリでおこないました。ポスト・ロシアの独立国家の国境をどうするか、人、モノ、通貨についてどうあるべきか、どう変えるべきか、何か共通のものを持つべきかについて話しているので、これも興味深かったです。

5回目は今年（２０２３年）の1月31日でした。ベルギーのブリュッセルにある欧州議会の建物でおこなわれました。あれは最高だったと思います。

そして、日本の前の最後の開催地はアメリカで、ワシントンＤＣ、フィラデルフィア、ニューヨークというアメリカの３つの都市でおこなわれました。20～40の独立国家を作りたいという意見や、統一ロシア（United Russia）のような改革的なものが必要だという意見もあり、討論もおこなわれました。とても素晴らしいものでした。

次回は8月1日と2日に日本で開催されます。そして年末に向けて、さらに3つのフォーラムを開催します。９月にロンドンとパリで。10月の終わりには、イスラエル、トルコ、そしておそらくアラブ首長国連邦かカタールで開催する予定です。どうするのがいいか、いま議論しているところです。そして今年最後のフォーラムは、12月にベルリンとウィーンで開催されます。

石井　日本で開催しようと思った理由は何ですか?

マガレツッキー　日本は世界で最も重要な国の1つです。なぜなら日本はアジア、東アジアで最も強力な自由民主主義国家だからです。ロシアが分裂し新しい国家が誕生するというプロセスでは、中華人民共和国は自分たちのために国家を作ろうとするだろうと私たちは考えています。そしてそれは自由世界にとって悪い影響があることだと理解しています。

また、ロシアは日本の領土である樺太や北方領土を占領しています。このロシア空間の脱植民地化と再構築のプロセスが、日本にとっても、東アジア全体にとっても、どのようにｗｉｎ－ｗｉｎのケースになり得るか、そのように考えることは大変重要だと思っています。

日本に期待すること

石井　日本で開催するにあたって、日本に期待することは何ですか?

マガレツッキー　私たちは、官民双方の代表者、ＮＧＯ、専門家、メディア、民間企業の人々が、アジア地域の将来の新しい国家の指導者たちと直接つながるようになることを願っています。東アジアにおいて新しく独立しようとしている民主主義国家（太平洋連邦、シベリア連合、サハ、ブリヤート、カムチャッカとチュコトカ共和国、トゥヴァなど）は、日本、アメリカ、台湾、韓国の地政学的、貿易的、軍事的同盟国になるでしょう。ですから私たちは、東アジアの未来の民主主義国家の独立運動を代表する人々の架け橋になりたいと願っています。

石井　以前も私はあなたに伝えましたが、日本にとっては中国が最大の問題です。その意味において、ウクライナのブダノフ情報総局長が描いたというロシアの分裂地図は、私たち日本人にとっては受け入れることはできないものです。ブダノフ情報総局長は誕生日ケーキにその地図を描いてナイフを立てていました。しかし、問題はその地図です。ロシアが分裂するだろうというメッセージが主要な論点であることは理解しています。しかし、問題はその地図です。ロシアは3つに分裂し、西側の3分の1がロシア、真ん中が〝中央アジア共和国〟、そして東側の3分の1が中国になっていました。これは大変な問題だと言わざるを得ません。ロシアの弱体化が、中国の強大化につながることは、日本人として決して容認できません。私は、ウクライナを応援します。ロシアの脱植民地化も応援します。ただし条件が1つあります。それは中国には決して手を貸さない、ということです。中国共産党と手を組めば、日本の友人には決してなれないということは、明確に指摘しておかなければなりません。

マガレツッキー　はい、あなたの言われていることはよくわかります。ブダノフ情報総局長のあのケーキには、悪気はなかったと思いますが、もちろんあれはよくありません。もし彼と話す機会がある時には、その考えを変えるようにきちんと話をしたいと思います。

ロシアだけではなく、中国の領土も脱植民地化するべきです。自由なチベット、自由な東トルキスタン、自由な満洲、その他の新しい国家がポスト中華人民共和国になるべきだと思います。私たちは、ポスト・ロシア空間についてだけ語っているのではありません。ロシアが崩壊した場合には、北京の体制を変える機会が高まるということを見据えるべきです。ロシアが崩壊すれば、北京の政権交代のチャンスが到来します。だから私たちは、モスクワと北京がそうであるように、捕われた国、植民地化された国、占領された国との間につながりを築くべきなのです。

ブリヤートとサハ（著者注：両方ともモンゴル国の北方に位置するロシアの〝共和国〟）の運動は反中国です。彼らは北京の一部にはなりたくないし、自由な世界の一部になるために領土や経済システムを手に入れたいのです。彼らは日本、アメリカ、韓国、台湾とつながりを持ちたがっています。だからいま、橋を架けることが非常に重要なのです。

自由主義の国々がロシアの脱植民地化を支援することは、モスクワ―北京―平壌―テヘランという専制国家と、その衛星国の政権（アサド、マドゥロ、タリバン、ルカシェンコなど）による枢軸への、抑止力となるのです。

石井　あなたはいまキーウに住んでいて、身の危険を感じますか？

マガレツキー　もちろん戦争中ですので、その意味では毎日危険は感じています。ただもう500日にもなっていて、そこからは離れるべきです。ずっと怖がっているわけにはいきません。例えば今日もリヴィウ（ウクライナの都市）で空爆があり、多くの人が亡くなりました。2、3週間前はキーウで空爆がありました。でも、私たちは生きるべきです。戦うべきです。愛するべきです。落ち込んでいたら戦えません。だから、戦う力を持つためには、精神的にも肉体的にもかなり良い状態であるべきです。私たちのためにすでに殺されてしまった人々のために、これから生まれてくる人々のために、私たちは戦うべきです。

石井　個人的に危険を感じることはありますか？　例えば暗殺の対象になっているなど。

マガレツキー　マイダン革命からもう10年が経ちました。もちろん私たちの命は1つであり、ロケット弾や銃撃で殺されるかもしれない可能性は毎日あります。しかし私はウクライナ人として、私たちの勝利をより早くするために何をすべきかということに集中しています。私はこの仕事をすることに決めました。もちろん、私だけではなく、私の家族にとっても非常に危険なことですが……。ロシアのテロリストは、対象者だけでなく、その家族までも殺すのですから。私は嘘をつくのが得意ではありません。この戦争が始まる前の２０１４年からすでに、私は死ぬかもしれないと理解していました。オープンな社会と活発な経済という成功を私は築きたかったのです。外国に行って暮らしたくはありませんでした。だから、何百万人ものウクライナ人と同じように私も戦わなければなりません。

（インタビュー：２０２３年7月6日　※初出：Ｈａｎａｄａプラス ２０２３年7月24日公開）

オレグ・マガレツキーはとてつもなく精力的な人物だ。フォーラムはオンラインスピーチを含めると毎回40〜50人のスピーカーで構成されている。自国以外での開催となると、開催国において会場の手配その他をおこなうパートナーを探すのも大変なことであろうし、様々な国のスピーカーを1人でネットワーク化しているのも脅威的だ。事務局を1人で運営しているのだ。

著者も時々連絡を取り合っているのだが、著者からの様々なリクエストにも即座に反応を返してくれる。仕事が実に早い。本人はグローバル・マネジメントが専門だとのことだが、まさにマネジメントのプロそのものだ。

さて続いて、直近におこなったインタビューを紹介したい。

石井　あなたは約2年間に10回ものフォーラムを開催しました。脅威的なスピードだと思います。

フォーラムの創設者として、率直な感想を聞かせてください。

マガレツキー　私たちの仕事の唯一かつ真の成果は、ポスト・ロシア空間の新しい建築とデザインだけです。その時、狂気のモスクワ帝国ではなく、数十の独立した自由で成功した国家が北ユーラシアの領土に出現します。それ以外はすべて単なる手段であり、戦術的な段階（通過点）でしかありません。

過去2年間で、重要なプロセスと前向きな動きがありました。1991年（少なくとも2014年）から、この問題に取り組んでこなかったのが残念です。

（※著者注：1991年＝ソ連崩壊時、2014年＝ロシアによるクリミア侵攻と併合時）

石井　あなたはすでに世界の主要国でフォーラムを開催しました。すでに世界一周をしています。これからの戦略について教えてください。

マガレツキー　私たちの活動には、公的活動と非公的活動という2つの重要な方向性があります。

公的な活動としては、今後も世界の主要国（韓国、台湾、オーストリア、ノルウェー、カナダ、トルコ、イスラエル、サウジアラビア、スイス、アルゼンチン、カタール、UAE、オーストラリア、インド、ブラジル、南アフリカなど）でイベントを開催することです。モスクワの脱植民地化とポスト・ロシア空間における新たな独立国家の再建を促進する方向で、専門家による分析シンクタンクの形式で私たちの情報プラットフォームの活動を制度化することが今後の計画です。

特に、民族解放運動や地域の反植民地運動の指導者たちと、それぞれの国の政治・外交・経済体制との直接的なコンタクトを確立すること、また、いわゆる「ロシア連邦」の解体がこれから起こるのではなく、すでに進行中であるという事実を、通常は不活発で非積極的な官僚機構と「調和」させることを目的としています。すべての当事者にとってwin－winになるように、調整していかなければなりません。

私たちの活動の非公的な側面に関して言えば、これは、クレムリンが依然として占領している捕虜国家および地域におけるモスクワ植民地主義に対する直接行動および反抗行為に対する、最大限の資源援助と政治的および外交的支援です。

石井　あなたは、ウクライナ政府とウクライナ議会が、「フォーラム」が訴えていることについて十分に応えていると思いますか？　西側諸国はプーチンが戦争をエスカレーションさせることを恐れすぎるあまり、ウクライナ政府に対してロシア国境の向こう側を攻撃しないように抑制させてきました。このことが、ウクライナ政府がロシア連邦のもとの諸民族の独立運動を支援をすることについて、ブレーキをかけてきたと思いますか？

マガレッツキー　私たちのプラットフォームとコミュニティーは、世界の様々な地域から集まった様々な人々や組織による民間の取り組みですが、同時に、私たちは特にウクライナ（リトアニア、ポーランド、イタリア、日本なども同様）の公的機関や国家機関との組織的な協力関係を構築しようとしています。

私たちは、協力のある側面を決定づける可能性のある困難や外交的制約を理解しています。しかし同時に、特にウクライナ政府と議会は、クレムリンに占領されている民族の自由、独立、主体性を求める戦いに対する組織的な支援を示しています。

これはほんの始まりに過ぎず、ウクライナ国家と他のEU／NATO／G7諸国の双方から、さらに多くの支援が得られると確信しています。

石井　昨年（２０２３年）８月、ロシア連邦の諸民族の民族運動との交流のための国家政策を策定するための特別議会委員会がウクライナ最高議会（国会）に設置され、この決定により、ウクライナとロシア連邦に隷属させられている諸民族との関係に新たなレベルの機会が開かれた、と聞きました。このことに期待する諸民族の声もあります。あなたはこれについてどう考えていますか？　すでに９ヵ月経っていますが、どう評価していますか？

マガレツキー　これは確かに新たなレベルの協力の可能性であり、さらに、世界のすべての自由国家に対する一例であり、参考となるものです。

モスクワの脱植民地化と、クレムリンからの捕虜国の独立を支持する同様の委員会や派閥間グループが、東は日本、台湾、大韓民国、モンゴル、西はドイツ、フランス、イタリア、南はトルコ、アゼルバイジャン、カザフスタン、北はノルウェー、フィンランドまで、パートナーや同盟国の主要国のすべての議会にも現れることを願っています。

全体主義的かつ権威主義的なロシア連邦、中国、イラン、北朝鮮とその衛星国および代理政権（マドゥロ、ルカシェンコ、ハマス、ヒズボラ、ボコ・ハラム、ＩＳＩＳなど）に反対する「モスクワ＝ロシアに占領された捕虜国の民族解放運動」と「彼らと共通の国境を持つ自由世界の国々（ノルウェーからアゼルバイジャン、リトアニアからモンゴルまで）」および「世界の地政学的大国（主にＮＡＴＯ、ＥＵ、米国、英国、日本、韓国、台湾など）」による非公式連合を私たちは（いますぐ）発展させる必要があります。

この連合は、その本質からして、反プーチンではなく、特に反ロシア（もちろん、いわゆる「ロシア連邦」の人民に対してではなく、特にロシア帝国国家に対して向けられる）であるべきです。つまり、反クレムリン、反帝国連合であり、自らを共同で防衛するだけでなく、攻撃的な非対称手段を積極的に用いるものでなければなりません。

（インタビュー：2024年5月）

インタビューでマガレツキーが述べているが、このフォーラムが1991年または2014年からではなく、2022年のロシアによる本格侵攻後に始まったということも1つのポイントだろう。もっと早くから始めていれば、とのマガレツキーの思いは理解できる。

だが逆に言えば、1991年のソ連崩壊や2014年のクリミア併合の時にはまだ十分に機が熟していなかったということではないだろうか。次章以降で紹介していくが、ロシア連邦下の諸民族が連携して独立を訴えているのだが、それぞれの民族の置かれている状況や組織、運動の発展段階はあまりにもバラバラだ。全く状況が違う。そのあまりにもバラバラな諸民族がそれでも一致団結し、さらにウクライナ政府も支援する中で立ち上がるためには、ロシアによる全面侵攻という一線を超えたこの悲劇が必要だったという逆説的な事実があったとも言えるだろう。ロシアは「Point of No Return」を超えた、と前節で著者が述べた所以である。民族運動は連携して、大規模に、世界を巻き込んで動き出している。ここまで動き出した運動をなかったことにすることは不可能だ。

「ロシア後の自由な民族フォーラム」はロシアは41に分裂するとの地図を掲げている。41全てが独立できるとまでは流石に思えない。またそうなることが日本の安全保障にとってどうなのかという課題も残っており、検証が必要だ。だが、「1つの」「統一された」「不可分な」ロシアというのが維持されるとも思えないのだ。問題は、ロシア連邦の内部崩壊が、いつ、どこで、どういう形で始まるかだ。ロシア・ウクライナ戦争が民族運動を呼び覚ました。500年の暗黒から呼び覚まされた諸民族の声を聞いてほしい。

「ロシア後の自由な民族フォーラム」の歴史

第1回フォーラム／2022年5月8～9日／ポーランド・ワルシャワ
第2回フォーラム／2022年7月22日～24日／チェコ・プラハ
第3回フォーラム／2022年9月23～25日／ポーランド・グダニスク
第4回フォーラム／2022年12月7～11日／スウェーデン・ヘルシンボリ
第5回フォーラム／2023年1月31日／ベルギー・ブリュッセル（欧州議会）
第6回フォーラム／2023年4月25日～27日／アメリカ・ワシントンDC（ハドソン研究所）、フィラデルフィア市庁舎、ニューヨーク（アメリカ・ウクライナ研究所）
第7回フォーラム／2023年8月1～2日／日本・東京（国会・衆議院議員会館）
第8回フォーラム／2023年10月12日～14日／イギリス・ロンドン、フランス・パリ
第9回フォーラム／2023年12月11日～14日／イタリア・ローマ（元老院）、ドイツ・ベルリン
第10回フォーラム／2024年4月16日／アメリカ・ワシントンDC（ジェームズタウン財団）
第11回フォーラム／2024年6月14日／リトアニア・ビリニュス

第2章　武装組織を持つリーダーたちの戦略

第1節　コーカサス連邦構想とは何か

インタビュー：アフメド・ザカエフ（チェチェン・イチケリア共和国亡命政府　首相）

インタビュー：イナル・シェリプ（チェチェン・イチケリア共和国亡命政府　外務大臣）

チェチェンといえば、2度にわたるチェチェン紛争（第一次チェチェン紛争：1994～1996年、第二次チェチェン紛争：1999～2009年）を思い出す。逆に言うと、チェチェン紛争しか思い出せないほど、凄惨な激しい戦争だったことが強く記憶に残っている。チェチェンの首都グロズヌイへのロシアによる激しい爆撃、多くの民間人の犠牲、山岳地帯でのゲリラ戦、そしてイスラム過激派武装勢力によるテロ攻撃の数々が思い出される。特に、2002年10月のモスクワ劇場占拠事件は記憶している人も多いことと思う。モスクワ劇場占拠事件については、ロシア連邦保安庁（FSB）による「偽旗作戦」だったとの説もあり、いまだ謎も多い。いずれにしろ、双方に非常に多くの犠牲者が出続けた紛争だった。チェチェン人の側も激しい戦争の中で様々な指導者を次々に失っていっている。主要なグループにも入れ替わりがあった。だが、ここでは過去のチェチェン紛争の歴史はこれ以上は振り返らない。

ここ十数年ほどは「チェチェン」という言葉を聞く機会は、国際ニュースにおいてほとんどなかったと言って良いだろう。だが、ロシア・ウクライナ戦争の勃発とともに、再びチェチェンに注目が集まり始めている。

現在のチェチェン独立運動を率いているのは、アフメド・ザカエフが首相を務めるチェチェン・イチケリア共和国亡命政府だ。まずは、その亡命政府の外務大臣を務めているイナル・シェリプ（ベルギー在住）へのインタビューを紹介したい。シェリプは昨年（２０２３年）８月におこなわれた第７回「ロシア後の自由な民族フォーラム」にも来日して参加した。直接話をすると物腰がやわらかく、大変丁寧で、非常に知的な人物だ。こう言うとなんだが、「チェチェン武装勢力」という言葉の持つ響き、最強（最恐？）の軍団といったイメージからはかけ離れている。正直に言うと著者も最初は恐る恐る話しかけたのだが、シェリプの丁寧で論理的な話し方には非常に好感を覚えた。彼のような人物が「亡命政府」に加わったということが、チェチェン独立派に戦略の幅を持たせることになったのではないかと思われる。

以下、今年（２０２４年）５月のシェリプとのやり取りである。

石井　あなたはどのようにしてチェチェン独立運動に関わるようになったのですか？

シェリプ　チェチェン民族の歴史の様々な段階を通じて、私の家族の代表者たちは自由と独立のための闘争を続けてきました。曾祖父の弟であるアスランベク・シェリポフに始まり、多くの祖先が命を犠牲にしてきました。チェチェン国軍の司令官であった彼は、１９１９年、ロシア帝国軍との戦いで、わずか21歳の若き戦士として戦死しました。ソ連の歴史家たちは、彼をソ連権力の支持者として描き、共産主義者のレッテルを貼ろうとしましたが、実際には、彼はチェチェン人民の自由のために戦ったのであり、人民の記憶の中で、彼はチェチェンの自由のための熱烈な闘士であり続けています。

私たちの家族のもう1人の英雄、曽祖父の弟マイルベク・シェリポフは、1940年にソビエト政権に反旗を翻し、部隊を結成して山に退却した。彼の命は1942年に絶たれました。私の曽祖父は、その信念のために逮捕され、獄中で死亡した。曽祖父の6人の兄弟のうち、天寿を全うした者は1人もおらず、戦死か獄死でした。

また、1917年の革命前、私の曽祖父はチェチェン弁護士協会の会長でした。彼はチェチェンで最初の弁護士の1人だった。1911年、彼は最初のチェチェン全国紙の編集長になった。1912年、兄のナザルベクと共に、チェチェン国営劇場を設立。もう1人の兄、ザウルベクとともに、1920年代にチェチェン国立博物館を創設しました。だから私は、チェチェン民族の歴史的過程から離れる機会はありませんでした。

1991年、父の妹がチェチェン・イチケリア共和国の司法長官に就任しました。彼女はドゥダエフ大統領と密接に協力し、チェチェン国家創設の原点にいました。

今日、私はこの妥協なき戦いを続けています。チェチェン・イチケリア共和国亡命政府首相アフメド・ザカエフとは30年以上の友人です。彼はチェチェン人民の独立運動を率いており、私は長年彼の盟友です。2011年、私は亡命政府の文化・教育大臣に就任し、2023年には外務大臣に就任しました。チェチェン人民の自由のために祖先の戦いを続けることは、私にとって責任であり、名誉でもあります。

石井　「コーカサス連邦」の構想について教えてください。これまではチェチェン単独での独立闘争だったはずです。なぜ大きな戦略転換をしたのですか？

シェリプ　チェチェン・イチケリア共和国亡命政府の外務大臣になってから、私はチェチェンの独立という目標を達成するための新しい方法を模索し始めました。ウクライナでの戦争に伴う新たな状況を見極める必要があったのです。私たちの戦いにおける新たな同盟者を探す必要がありました。私は、北コーカサスに新しい国家が誕生した方が、ウクライナにとっても、米国にとっても、NATOにとっても興味深いものになるという結論に達しました。そのような国家の誕生は地政学的な問題を解決すると。

北コーカサスが独立した場合、各当事者はどのような利益を得ることができるのでしょうか？

ウクライナにとって

ノヴォロシスクの海軍基地は黒海最大のものであり、ウクライナはこのロシアの脅威を常に維持する余裕はない。この点で、北コーカサスの独立は、ロシアに黒海へのアクセスを失わせるというウクライナの地政学的利益を反映している。北コーカサスが独立すれば、国境を接するウクライナと北コーカサス連邦は軍事協力条約を結ぶことになる。この軍事同盟は、ロシア・ウクライナ戦争の結果を受け入れない復古主義者が将来ロシアで権力を握った場合の抑止力となるだろう。

ロシアにとって

北コーカサス地域には核兵器もロシアの戦略施設もない。コーカサス人に対するロシア人の憎悪は非常に大きく、コーカサス地方をロシアから切り離す人物はプーチンよりも人気があるだろう。北コーカサスの全地域は補助金を受けており、この文脈では、戦後、ロシアがウクライナに債務を支払うことになった時、北コーカサスを切り離すことは経済的に非常に賢明なことである。したがって、ロシアにとって北コーカサスの分離は、戦争に負けた代償としては非常に安い。

ＮＡＴＯにとって

黒海を失うことで、ロシアは世界帝国ではなくなり、中国を封じ込めるという地政学的使命に集中する地域大国となる。北コーカサス連邦を創設することで、ＮＡＴＯはノヴォロシスクに海軍基地を置くことができ、この地域における多くの軍事・兵站的課題を解決できることになる。北コーカサス連邦を創設することで、ＮＡＴＯは大コーカサスにおける新たなパワーバランスを構築し、それを調整することで地域の安定を確保することができる。

黒海地域はヨーロッパにとって最も重要な地域であり、西と東、北と南を結ぶ主要なルートが含まれています。多くの専門家によれば、黒海を支配・コントロールする者は、ヨーロッパ大陸にその力を容易に投影することができる。バルカン半島と中央ヨーロッパだけでなく、地中海東部、南コーカサス、中東北部にも広がっているのです。

コーカサス連邦が復活し、クラスノダール地方（歴史的にアディゲ民族のもの）が含まれるようになれば、ロシアは黒海へのアクセスを失うことになります。ロシアを黒海から追い出せば、地域のパワーバランスが変化し、ウクライナの安全が確保されるのです。

そうでなければ、たとえウクライナが戦闘作戦を成功裏に終結させたとしても、ロシアが黒海での軍事的プレゼンスを維持したとしたら、ロシアがこの地域で攻撃的な政策に戻ることは避けられません。仮にウクライナがクリミアを解放し、黒海艦隊をセヴァストポリから追放し、それ以外の地域の主権を回復したとしても、ロシアが黒海でのプレゼンスを維持するのであれば不十分です。どのシナリオにおいても、ウクライナの海洋安全保障は脆弱なものとなります。ノヴォロシスクを拠点とするロシア艦隊は、黒海に接する6ヵ国の中で依然として最強であり、この地域に対するクレムリンの戦略的ビジョンが変わることはないでしょう。いかなる停戦も、ロシアが黒海を失うことにつながるはずです。この場合、黒海の支配はロシアの国家イデオロギーの一部であるため、クレムリンは地中海地域に影響を与える重要な手段を失うことになります。

ザカエフ首相はこのアイデアを支持し、私たちはこのアイデアをウクライナ政府に提案しました。ウクライナ政府は私たちを支持し、私たちはこのアイデアを実行に移し始めたのです。

２０２３年11月8日、ブリュッセルの欧州議会で「北コーカサス人民国家復興会議」が設立されました。この会議は、北コーカサス山岳共和国の独立宣言１０５周年と重なりました。１９１８年、山岳共和国はウクライナ、トルコ、ドイツ、オーストリア＝ハンガリー、ブルガリア、ポーランド、グルジア、アゼルバイジャンによって国際法の対象として承認されました。アメリカは歴史的に北コーカサス独立を支持しています。１９８４年5月9日、アメリカ連邦議会は北コーカサス人民に独立66周年の祝意を表した宣言を出しました。

したがって、バルト三国（エストニア、ラトビア、リトアニア）の国家存続の例に倣って、コーカサス連邦の復活を語ることができます。バルト三国の国家継続性とは、１９４０年から１９９１年までのソ連とドイツの占領下における、国際法上の法的実体としてのバルト三国の継続性を示すものです。不法占領に関するバルト諸国の理論と、ソ連の行為を国際法一般、特にソ連とバルト諸国との間の二国間条約に反するものとすることは、一般的に受け入れられています。この法的継続性は、ほとんどの西側諸国によって認められており、彼らの国家実務にも反映されています。「法は不当な行為からは生じない」という法原則に基づき、民主的な選挙が正当な統治の基礎となることを認識する国際社会は、「北コーカサスの人民が国家としての地位と正当性を回復する権利」を認める権利があるのです。

この会議の主な決定は、チェチェン・イチケリア共和国亡命政府のアフメド・ザカエフ首相が率いる国防委員会を設置することでした。ウクライナでは、ウクライナ軍の支援を得て、ザカエフが、チェチェン・イチケリア共和国軍を基礎とする北コーカサス軍を形成しています。私はこの会議の政治委員会の議長に選出されました。

チェチェン人は独立闘争において豊富な経験を持っています。今日、チェチェン全土、すべての村と都市に、我々の支持者と地下組織があり、私たちの行動の合図を待っています。私たちは、ウクライナでチェチェン軍を増強して訓練し、私たちが帰還し、私たちの土地を占領解除できるようにチェチェンの人々を準備しているのです。

私たちはこの経験を北コーカサスの他の人々に伝えなければなりません。それが私たちの仕事です。

私たちは、チェチェン・イチケリア共和国の軍隊を基礎として、北コーカサスの軍隊を創設しています。また、北コーカサス全土に私たちの支持者の地下組織を作っているのです。

コーカサス連邦（CC）構想の実施予定スケジュール

―2022年11月、ウクライナ最高議会は、チェチェン・イチケリア共和国の主権を承認し、チェチェン人の大量虐殺を非難し、チェチェンをロシアによる占領地と認定する。

―2023年5月11日、ウクライナ・キーウ：コーカサス連邦105周年記念会議では、第3回北コーカサス人民大会の日程が発表され、コーカサス連邦の大統領と議会の選挙に関する法的枠組みを策定する準備委員会が設置される。

―2023年11月、欧州議会議事堂：第3回北コーカサス人民会議が開催され、コーカサス連邦の国家主権回復プロセスの開始が発表される。OSCE（欧州安全保障協力機構）、欧州議会、各国外交官のオブザーバー出席のもと、「北コーカサス人民国家復興会議」の指導者が選出される。

―2024年2月、ウクライナ最高議会は、イングーシ人の独立国家樹立の権利を公式に承認し、イングーシ人に対するロシアの犯罪を非難する決議を採択する。

―2024年6月、ウクライナ最高議会は、ロシアによるチェルケス人虐殺を非難し、チェルケス人が独立国家を樹立する権利を公式に認める決議を採択する。

―2024年11月、ウクライナ最高議会は、コーカサス連邦の領土がロシア連邦によって一時的に占領されていることを認め、コーカサス連邦の独立を承認する。ウクライナ最高議会は、ウクライナ大統領に国交樹立を訴える。

—2024年11月、ウクライナとコーカサス連邦の国防大臣が、コーカサス連邦の軍隊を結成する条約に調印。

—2025年6月、OSCE議会の年次総会。OSCEオブザーバーグループのリーダーがコーカサス連邦の承認について報告し、コーカサス連邦の独立承認問題を投票に付すことを提案する。

—コーカサス連邦の独立承認に関するアメリカ議会での公聴会。

—OSCE閣僚理事会会合：亡命コーカサス連邦の政府当局を合法的なものとして承認することに関する討議。

これは2022年11月に私が作成したロードマップです。2024年5月現在、このスケジュール通りに進行しています。

石井　北コーカサス以外の諸民族の独立運動についてはどう考えていますか？　彼らはあなたがたと同じく「ロシア後の自由な民族フォーラム」の一員ですが、状況は大きく異なると思います。

シェリプ　私は、「ロシア後の自由な民族フォーラム」は、ロシアに対する情報戦のための良いツールだと考えており、それゆえ彼らを支持していますが、今日ロシアを実際に崩壊させることは不可能です。北コーカサス以外の人々は、そのような事態の進展に対応する準備ができていません。彼らは自由のために戦う準備ができておらず、恐怖を抱いており、多くの人々はロシアなしの生活を想像できないでしょう。ロシアを破壊しようとする政治移民がいますが、彼らはロシアの人々とは何の関係もありません。さらに、アメリカはロシアの崩壊を支持する準備ができていません。アメリカはロシア崩壊後の中国の台頭を恐れています。親米政権をロシアに誕生させ、その政権を中国に向けさせたいのです。

石井　アメリカは北コーカサスやその他のロシア地域の独立を認めると思いますか？

シェリプ　北コーカサスの分離はアメリカの地政学的計画に含まれています。アメリカはロシアから黒海を奪うことに関心があるからです。

石井　トランプが大統領に再選されたら、プーチンと取引してウクライナを見捨てるかもしれないという議論もあります。この点についてどう考えますか？

シェリプ　ドナルド・トランプがアメリカ大統領に再選されたとしても、ウクライナ戦争に対するアメリカの政策が大きく変わる可能性は低いです。まず、アメリカには複雑なチェック・アンド・バランスのシステムがあり、大統領が国益を損ねて一方的に外交政策を変更することを防いでいることに注目する必要があります。これは、アメリカの民主主義制度が成熟し、安定していることを示しています。

さらに、歴史的な経験が示すように、重要な局面では、民主党と共和党は国益のために一致団結することができます。そのような結束を示す最近の例として、ウクライナに対する６１０億ドルの支援策が議会で承認されたことは、現在の指導者の政治的所属にかかわらず、国にとって戦略的に重要な決定を支持するアメリカ政府の意欲を浮き彫りにしています。

また、アメリカは、主権を求める戦いにおいてウクライナを支援することの歴史的意義を理解していることを認識することも重要です。このような支援から手を引けば、世界の舞台におけるアメリカの主導的地位が著しく損なわれ、世界の地政学的状況が他国に有利に変化する可能性があります。その結果、ウクライナでの戦争は一時的な政治的挑戦ではなく、アメリカの長期戦略の重要な要素として認識されているのです。このような要素を総合すると、ウクライナ危機に対するアメリカのアプローチは、誰が大統領になるかにかかわらず、ある程度安定したものとなるでしょう。

石井　ロシア・ウクライナ戦争はいつまで続き、どのような形で決着がつくと思いますか？　黒海からロシアを追い出すということは、クリミアをウクライナが取り戻さなければなりませんが、ウクライナの戦力は十分だと思いますか？　また、この戦争で北コーカサス軍はどのような役割を果たすつもりですか？

シェリプ　ウクライナの勝利について語る時、この戦争の参加者（ウクライナの支持者を指している）はそれぞれ、「勝利」が何を意味するかについて自分なりの考えを持っています。ウクライナはロシアを解体し、この地域で主導的な役割を果たすことを望んでいます。ウクライナ人、ポーランド人、ラトビア人、エストニア人、リトアニア人、そして北コーカサスの人々は、歴史的にロシアと隣り合わせの生活を余儀なくされているため、ロシア帝国が多数の国家に解体されることを望んでおり、そのような分裂した国家が多ければ多いほど良い。ロシアが小さく弱体化すればするほど、近隣諸国は平和になります。

アメリカはロシアの崩壊を望んでいるのではなく、ロシアが世界のチェス盤でその役割を果たすように、ロシアを再編成したいと考えているのです。もしクレムリンが変わり、プーチン以外の人物が政権を握れば、その人物はおそらくアメリカの条件を受け入れるでしょう。しかし、プーチンが権力を握っている限り、彼はアメリカの条件を受け入れることはありません。プーチンにとって勝利は決定的に重要であり、彼の権力と安全は紛争の結果次第だからです。ニコライ・チャウシェスク、ムアンマル・カダフィ、サダム・フセインといった他の独裁者がそうであったように、権力を失うことはプーチンの命を奪うことになりかねません。

現在、プーチンは一時的な停戦を求めており、中国などの同盟国を通じて停戦交渉を試みています。しかし、ロシアにとってこの停戦の目的は平和的交渉ではなく、さらなる勝利のための軍事力強化の機会です。

一方、ワシントンと東京では、ロシア連邦の崩壊の可能性について懸念があり、それは両国の利益と一致しない可能性があります。ロシアが崩壊すれば、中国はウラル山脈からウラジオストクまでの領土を併合し、これらの土地の資源を通じて世界政治における地位を強化するかもしれないという考えがあります。

中国はすでに経済・人口政策を通じてこの地域への影響力を強化しており、特にロシア極東における中国人の存在感は大きく、公式・非公式両方の統計で確認されています。2021年のロシアの国勢調査によると、ロシアにいる中国人の数は2万人です。しかし、非公式な推計によれば、その数は200万人に上る可能性があります。この大きな乖離《かいり》は、不法移民と、このプロセスに対するロシアの管理の非効率性によるものです。ロシアにいる中国人の数を推定する際、国境（ロシア—中国）を不法に越えた人々は考慮されていません。さらに、ロシアとカザフスタンの国境は事実上管理されておらず、カザフスタンへの中国人移民の状況は、労働契約でカザフスタンに来る中国人がわずか５％であるという事実によって特徴付けられています。

周知のとおり、中国政府はすでに「人口攻勢」に成功した経験があります。たとえば、新疆ウイグル自治区では、１９５３年には中国人の割合は5％でしたが、２０１０年代には40％に増加しました。したがって、中国の極東における膨張の問題を無視することはできません。それはすでに存在しており、対処する必要があるのです。

他方、戦争終結後、ウクライナが求めているのは、ロシアが将来、チェチェンにおけるような復讐をしないという紙の上での保証だけではありません。１９９７年、ロシアのエリツィン大統領とチェチェンのマスハドフ大統領は和平条約に調印し、武力衝突を放棄し、国際法に基づく交渉のみですべての問題を解決することに合意しました。しかし、１９９９年、プーチンは選挙キャンペーンの一環として戦争を開始しました。第一次チェチェン紛争での敗北後の復讐は、軍部だけでなく一般のロシア人にも求められていたからです。

一方のキーウとワルシャワ、他方のワシントンと東京の意向を考慮した妥協案はあるのでしょうか？

ロシアを弱体化させた状態で存続させる妥協案は存在します。このプロジェクトはすでに始動しており、「北コーカサス人民国家復興会議」と呼ばれています。

以上のことから、アメリカは、ウクライナの迅速な勝利に賭けているのではなく、プーチンの力を弱めるためにロシアとの長期戦に賭けていることを理解しなければなりません。この戦略の狙いは、経済状況の悪化によるロシアの社会的混乱であり、アメリカが設定した条件を受け入れる新しい勢力がロシアで政権を握ることを期待しているのです。この理解は、ウクライナへの財政的・軍事的支援を徐々に拡大するというアメリカの政策を形作っています。また、アメリカがロシア領内への攻撃を徐々に容認（見て見ぬふり）しているのも、このためです。ウクライナ軍の強化を通じてロシアへの圧力を徐々に高めていくことには、２つのシナリオが考えられます。

第一のシナリオは、ロシアの政権交代が起こり、モスクワがワシントンに同調する場合です。この場合、ロシアの権力のためにワシントンの条件をすべて受け入れる用意のあるクレムリンの派閥の１つが政権を握ることになります。このシナリオでは、チェチェンの占領政権の指導者であるラムザン・カディロフの役割が重要です。カディロフはプーチンにとって、彼の周辺勢力のバランスをとるために必要な存在です。カディロフが排除されれば、プーチンのサークルのいずれかのグループが強化されることになります。カディロフの健康状態がメディアで注目されるのはこのためです。

２つ目のシナリオは、プーチンが最後まで権力を維持し、その後ロシアがソ連のように崩壊するというものです。アメリカがロシアを無傷で保とうとしても、最終的にはロシアを救うことはできないでしょう。ジョージ・H・W・ブッシュ米大統領が、１９９１年、ソ連崩壊の直前にキーウに飛び、ウクライナにソ連から離脱しないよう懇願したのと似ています。アメリカ大統領がソ連を救おうと最大限の努力をしたにもかかわらず、ソ連は崩壊しました。

その場合、ウクライナ側で戦い、キーウの支援を受けているロシアの反政府武装勢力が政権を握ることになります。

今年は決定的な年となりますが、最終戦争は2025年に終結します。間もなくクリミア大橋が破壊されるでしょう。これがクリミア包囲の始まりとなります。多くの民間人がクリミアを離れることになります。ロシアはクリミアを保持しますが、ウクライナはクリミアを爆撃します。

チェチェン軍はウクライナで訓練中です。私たちはチェチェンのすべての重要施設を掌握する準備をしています。私たちは戦う準備ができていますが、戦う相手はいません。ロシア人は戦わないでしょう。ウクライナ戦争以前、チェチェン周辺にはロシア軍基地があり、12万人のロシア兵がいました。いま、チェチェン周辺にいるロシア兵は1万人ほどです。ほとんどがウクライナで死にました。ロシア軍には北コーカサスを保持する力はありません。ロシア人はカディロフ軍を信用していません。カディロフ軍の多くは私たちと連絡を取ろうとしており、もし私たちが彼らの安全を保証するならば、寝返る用意があるのです。チェチェンでの出来事は、北コーカサス全体の出来事を左右するでしょう。

石井　西側諸国はロシア国境内への攻撃に慎重すぎないでしょうか？　ウクライナ政府も西側諸国の意向に従い、ロシア国境を越えた攻撃はほとんどおこなっていません。これについてどう思いますか？

シェリプ　先に述べたように、現在のアメリカの対ロシア戦略は、アメリカ側が課したある条件と結びついています。アメリカは、ロシアがアメリカの要求に応じるまで、ウクライナがロシア領内で作戦をおこなうことを認め、徐々に圧力を強めていく計画です。この文脈では、アメリカはニシキヘビの手法を彷彿とさせる戦術を使用しています。ニシキヘビはゆっくりと、しかししっかりと獲物の周りにとぐろを締めて、降伏するのを待つのです。

石井　3月にモスクワで大規模なテロがありました。イスラム国（ＩＳ）が犯行声明を出し、ＩＳの攻撃とみられています。ＩＳは今後もロシア連邦を攻撃する可能性が高いと思われます。

4月には、北コーカサスでイスラム系グループによる警察との衝突が複数報告されています。カラチャイ・チェルケシア、カバルジノ＝バルカル、イングーシなどです。

あなたが率いる「北コーカサス人民国家復興会議」やチェチェン亡命政府は、こうしたイスラム集団によるロシアへの攻撃をどう見ていますか？

日本には「敵の敵は味方」という慣用句があります。しかし一方で、ＩＳなどとの連携がもしあれば、欧米の国際社会で決して容認されないことも明らかです。

ＩＳのようなイスラム過激派をどう評価しますか？　また、彼らと同一視されないためにはどうすればよいか、何か考えはありますか？

シェリプ　イスラムテロ組織の世界は複雑で、ロシアはその中で重要な役割を果たしています。ソ連のＫＧＢがパレスチナのテロリストを訓練し、さまざまなテロ組織と友好関係を保っていたことは周知の事実です。ＫＧＢはロシアのＦＳＢ（ロシア連邦保安庁）へと発展し、イスラム世界におけるロシアの地位は依然として強固です。ロシアはイスラム協力機構のメンバーであり、中東で影響力を行使し続けています。

モスクワのクロッカスホールでイスラムテロ組織が関与した重大事件がありました。アメリカからの事前の警告にもかかわらず、テロは起きました。モスクワがこれを許したのは、イスラム・テロの問題を国際政治に再び利用し、テロとの戦いで他国と団結するためです。このテロの話題は、プーチン政権下でロシアが直面した国際的孤立を克服する助けになるはずでした。プーチン大統領はハマスやヒズボラなどの組織をクレムリンに迎え入れており、そういうイスラム世界との強い結びつきを考慮して、今回の攻撃の犯行声明を出したイスラム国を非難することは控えたのです。その代わりに、ウクライナを根拠なく非難しました。プーチン大統領はイスラム世界で強い権力を握っており、それを失いたくないため、イスラム国に対して宣戦布告しませんでした。テロ行為の問題では、最大の関心事は誰が罪を犯したかではなく、誰に対して団結するかです。

プーチンはチェチェンでも国際テロというテーマを効果的に利用しました。独立のために戦うチェチェン人というメディアのイメージを、イスラムのテロリストというイメージに巧みに転換させたのです。この作戦は成功し、アメリカを含む西側の多くの人々を欺きました。今日、ウクライナとアメリカは、チェチェンにおけるロシアのトリックを信じたことを後悔しています。しかし、プーチンはもはや多くの人に信じられていないため、最近ではこのトリックは通用しなくなっています。我々は、北コーカサスに影響を与えようとしているすべてのイスラム組織をよく知っており、そのほとんどがロシアとつながっていると断言できます。このように、ロシアは北コーカサスにおける過激なイスラム感情に対する一種の予防措置をおこなっているのです。

チェチェンや北コーカサスについては、私たちは確かに民主主義国家の建設を目指しています。私たちはロシアの諜報機関との戦いにおいて豊富な経験があり、彼らに対抗する方法も知っています。私このような問題では、西側の情報機関と協力した経験もあります。

石井　昨年8月に日本で「ロシア後の自由な民族フォーラム」が開催された際、私たちは日本に「自由ユーラシア調整センター」を設立することを発表しました。残念ながら、現時点ではまだ進んでいません。これはあなたのアイデアだったと聞いています。センターに何を期待しますか？　また、どのような活動になると考えていますか？

シェリプ　ポスト・ロシアにおける政治プロセスの調整センター（仮称：自由ユーラシア調整センター）を日本に作るというイニシアチブは私の発案です。東京で開催された第7回「ロシア後の自由な民族フォーラム」で発表されましたが、私は、「センター」は「フォーラム」から独立して運営されるべきだと主張しています。ウクライナとともに戦うロシア野党の武装部門とその政治指導者であるイリヤ・ポノマリョフ、そしてチェチェン・イチケリア亡命政府の政治的代表など、ロシアの状況に純粋に影響を与えることができる勢力を結集すべきです。私はチェチェン共和国外務大臣と「北コーカサス人民国家復興会議」の政治委員会議長の職にあります。日本の専門家もこのセンターの主要メンバーとなるべきです。これら三者は、極東の政治構造に関する戦略的決定を共同でおこなうことが期待されています。

世界は急速に変化しています。将来、国際社会が条件付きでグローバル・ノースとグローバル・サウスに分かれることは明らかです。中国と全体主義的な統治システムを持つ国々がグローバル・サウスのリーダーであり、アメリカと民主主義諸国が北をリードします。日本は極東における重要なプレーヤーとして、北の利益を代表します。現在のウクライナ情勢は、ロシアが将来的に南と北のどちらにつくかを決定しているのです。ロシアの将来だけでなく、極東の政治構造全体を形作るセンターを創設することは戦略的に重要です。

センターの戦術的任務には、将来の情報政策の開発、世論指導者の形成、極東住民の不可避な変化への備え、新たな世界政治秩序の輪郭の明確化などが含まれます。ウクライナのロシア反政府武装勢力や北コーカサス軍への直接支援の組織化など……。

石井　日本と日本人に望むことは何ですか?

シェリプ　日本人は深い伝統と豊かな文化を持ち、世界中の人々にインスピレーションを与える国です。私たちチェチェンの闘士は、常に日本のサムライと特別なつながりを感じており、特に名誉、義務、闘争という点で、私たちの文化の間に多くの類似点を見出してきました。日本には高度に発達した正義感があり、それは真実と公正さを重んじるすべての人々の心に響いています。

私たちは、チェチェン人民の独立のための戦いを長年にわたって支援してくれた日本の友人たちに深く感謝しています。あなた方の努力と連帯は見過ごされることはなく、私たちにとって常に特別な意味を持つものです。

私たちはいま、またとない歴史的好機に直面しています。北コーカサスの人々の公正な戦いは、現在の日本の地政学的利益と呼応しています。私たちは、一方の行動が他方の歴史の流れを変えうる岐路に立っているのです。この重大な瞬間に、私は日本の指導者たちに、正義と相互支援の力を世界に示す歴史的なチャンスを逃さないでほしいと願って訴えています。私たちはともに、敬意と相互理解に基づいた未来を築くことができます。私たちの戦いを支援するために皆さんが踏み出す一歩一歩が、私たちをこの目標に近づけてくれるのです。

（インタビュー：2024年5月）

少し楽観的すぎるのではないか、と感じる部分も多々ある。ウクライナがクリミアを奪還することなどできるのだろうか。むしろ戦況は真逆の様相を呈している。さらに、ロシア（プーチン）がそんなに簡単に北コーカサスを手放すことを認めるだろうか。当然のことながら疑問は尽きることがない。だが、ウクライナ政府が全面的に支援しているのも一方の事実であり、最も忘れてはならないことは、チェチェン人はあの2度にわたる血で血を洗うチェチェン紛争を実際に戦ってきており、いま現にウクライナの地で〝軍〟を再建しつつあるということだろう。

最後に、チェチェン・イチケリア共和国亡命政府首相であり、「北コーカサス人民国家復興会議」国防委員会議長であるアフメド・ザカエフへのインタビューを紹介したい。ザカエフは、昨年（2023年）8月の第7回「ロシア後の自由な民族フォーラム」に参加するために来日するとの意向を表明していたが、日本外務省からビザが出なかったため、来日できなかったという経緯がある。まずはそこから質問した。

石井　あなたは昨年日本に来ると表明していましたが、ビザがおりませんでした。そのことについて何か思うところがあったら教えてください。

ザカエフ　日本のビザに関する私の問題は、残念な誤解だと思っています。官僚的な遅れはどの国でも起こることであり、今回も例外ではありません。私たちの関係は何も変わらないので、この件をこれ以上長々と語りたくはありません。私たちは、実り豊かで相互に有益な日本とチェチェンの協力の新たな段階の入り口に立っています。将来、私たちは官僚的な障害を乗り越え、両国民間の文化的、経済的つながりを強化することに注力できると確信しています。

石井　チェチェンおよび北コーカサスの独立運動について話してください。

ザカエフ　チェチェン人が独立のために戦う理由は、この地域の長く複雑な歴史にあり、その中には文化的、宗教的、政治的アイデンティティーを守りたいという願望が含まれています。何世紀にもわたり、チェチェン人は自治を求め、外部からの支配と影響に抵抗してきました。チェチェン人は古代にまで遡る自治と独立の長い歴史を持っています。この経験が私たちに強い民族意識と自治への欲求を植え付けました。文化や宗教の違いも重要な役割を果たしています。チェチェン人は独自の文化を持ち、イスラム教を実践しており、それが近隣地域や中央政府との違いとなっているのです。これは、外部からの統治によって脅かされる可能性がある伝統や習慣を守りたいという願望につながります。

ソビエト連邦時代、チェチェンはソビエト連邦の一部であり、チェチェン人は1944年の追放を含む厳しい弾圧を受け、独立への願望が強まりました。ソビエト連邦崩壊後、チェチェン人はこのような悲劇的な出来事の繰り返しを避け、政治的・経済的自治を達成しようとしたため、この願望はさらに強まりました。チェチェンは天然資源、特に石油が豊富な戦略的に重要な地域です。このため、これらの資源の支配と経済的自立の追求をめぐる紛争が起こっています。特に1990年代から2000年代初頭にかけての中央政府による残忍な弾圧と軍事行動は、チェチェン人の自由と独立のための戦いへの欲求を強めるばかりでした。これらの理由が合わさって、チェチェン人の間には独立への深い永続的な欲求が生まれ、それがこの地域の政治情勢に影響を与え続けています。

石井　日本人へのメッセージを聞かせてください。

ザカエフ　今日、私たちは、第二次世界大戦後に変化した世界が、再び大きな変貌を遂げつつある歴史的な瞬間にいます。新たな地政学的秩序が生まれつつあり、それが一旦形成されると、今後何年にもわたって世界の舞台を形作ることになります。このような重要な時代において、私たちチェチェン・イチケリア共和国亡命政府は、日本とともに善の側に立つ1つのチームの一員であると感じています。私たちの共通の目標は、自由と独立を求めるウクライナを支援することです。今日、これまで以上に、ウクライナがこの戦争で勝利を収めることができるよう、力を合わせ、最大限の支援を提供することが重要です。ウクライナが勝利して初めて、私たちは自国の領土を解放する現実的な見通しが持てるでしょう。私たちは、共同の努力と相互支援を通じてのみ、これらの重要な目標を達成できると信じています。私は、将来、日本とチェチェンの両国民の間で実りある協力が実現すると確信しています。私たちが共有する平和と正義に対する価値観と願望は、長期的かつ互恵的な関係を築くための強固な基盤となります。すべての国が平和と繁栄の中で暮らせる未来を共に築いていきましょう。

（インタビュー：2024年6月上旬）

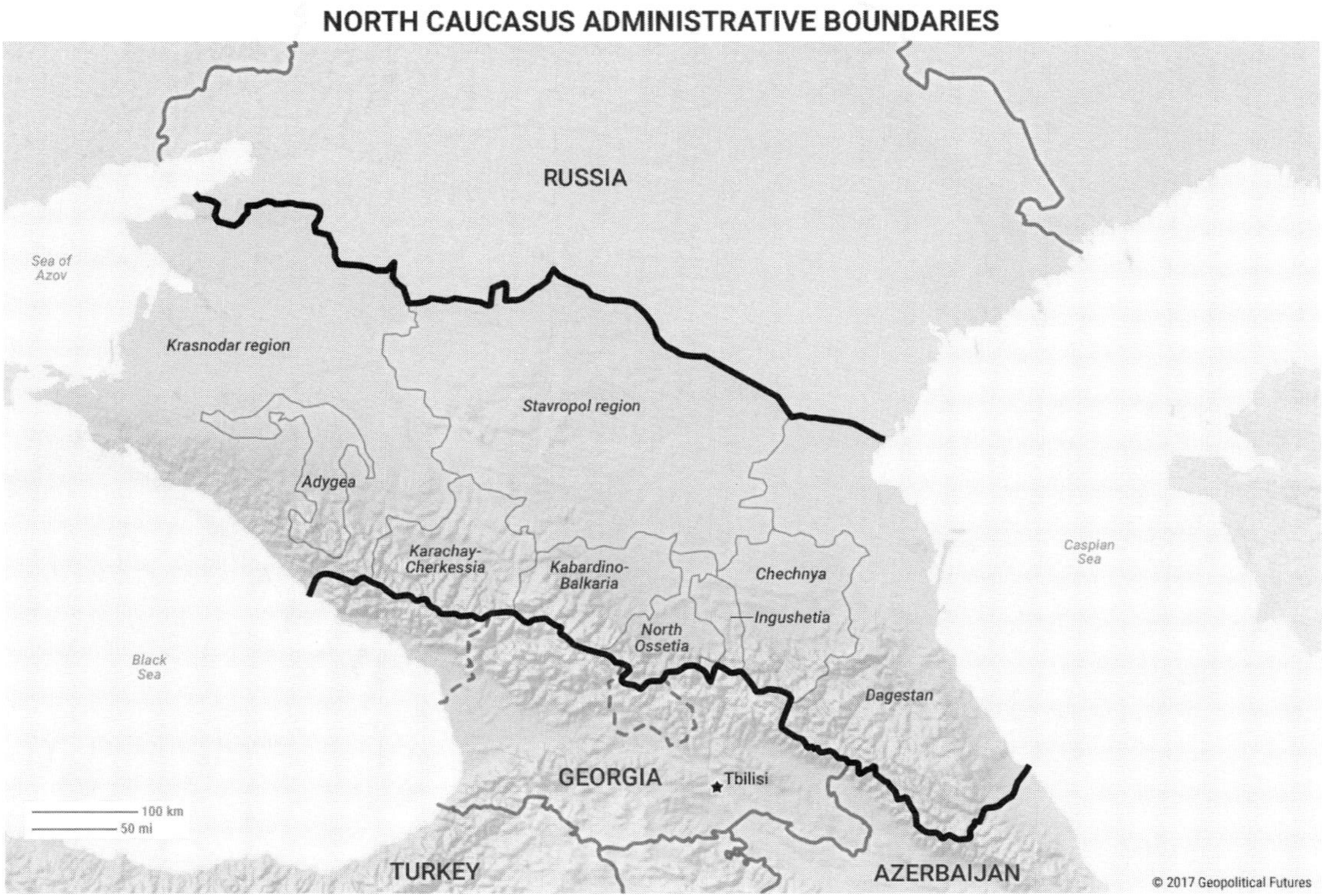

コーカサス連邦が想定している領域地図（地図提供 イナル・シェリプ）
西は Krasnodar region（クラスノダール地方）から東は Dagestan（ダゲスタン共和国）まで

第2節　自由ロシアとは何か

インタビュー：イリヤ・ポノマリョフ（自由ロシア軍団　政治部門幹部）

「不敵な笑み」とは彼のためにある言葉ではないかとも思える。昨年（2023年）8月、第7回「ロシア後の自由な民族フォーラム」に参加するため来日したイリヤ・ポノマリョフと直接会った時の著者の印象である。2日間行動を共にして、直接いろいろと話もした。雰囲気はやわらかい。気軽に話をすることもできる。だが底の知れない迫力もある。そんな人物だった。

ポノマリョフは2007年から2016年にかけてロシア連邦の下院議員だった。2014年3月、ロシアがクリミア半島を併合した際、下院で関連法案に唯一の反対票を投じた。その後、現在に至るまで亡命生活を送っている。プーチン大統領率いる与党「統一ロシア」党を「詐欺師と泥棒」と呼んで注目されたこともある。現在は、プーチン政権の打倒をめざし、ウクライナを拠点として、主に反プーチンのロシア人によって構成されているという「自由ロシア軍団」の政治的指導者として活動している。

昨年5月のクレムリンへのドローン攻撃や、7月のモスクワシティへのドローン攻撃にも、関与を仄《ほの》めかすなど世界的にも注目されている。ロシア側の立場からは、「テロリスト」と呼んでポノマリョフを批判する声もある。実際に武装闘争をおこなっている政治指導者だ。

「ロシア後の自由な民族フォーラム」はロシア連邦のもとからの独立を訴える諸民族のリーダーたちと、自由主義諸国の学者やジャーナリストなどによって主に構成されている。ロシア人の立場で、しかも元下院議員で、さらに武装組織「自由ロシア軍団」の指導者という立場でフォーラムに参加しているポノマリョフは、明らかに異彩を放っている。もともとフォーラム自体が1つの統一した見解を持つ組織というわけではないが、それでもポノマリョフの立場は他のメンバーとは大きく違うだろう。単純に考えても、「ロシアが41に分裂」してしまうと、ポノマリョフの目指す「民主的なロシア」を建設する場所がどこにもなくなってしまう。そういう矛盾も含めて、フォーラムが大きくまとまっているという点も理解しておかなければならない。

ポノマリョフへのインタビューを紹介したい。

石井　あなたは「ロシア後の自由な民族フォーラム」に参加しています。フォーラムは「ロシア連邦は41に分裂する」と訴えていますが、あなたはロシア連邦が分裂または崩壊する可能性はあると考えていますか？　もし分裂があるとした場合、どの地域が独立すると思いますか？

ポノマリョフ　まず最初に、私たちの人生では、すべてのことが起きる可能性があるということを申し上げたいと思います。

そして、このロシア崩壊のシナリオは理論的にはあり得ます。私はそれが起こり得ると考えているかと言えば、あまりあり得ないと思います。

一部の地域が独立を宣言することを決定する可能性はあります。その可能性はかなり高いと思います。例えば、チェチェンは、その可能性がかなり高いと思います。サハ（ヤクート）では、いまは時期を見送る可能性がかなり高いでしょう。他の地域では、独立する可能性は低いと思います。

最も重要なことは、ロシアが崩壊するという言葉を使う時、ロシアの崩壊とは、ロシアの地域が分離し始めることを意味するということです。たとえば、ウラジミール、シベリア、サンクトペテルブルク、またはアルハンゲリスクなどです。つまり、ロシアの地域であって、民族共和国ではありません。ロシアのすべての民族共和国の人口は、ロシアの人口のプラスマイナス20％程度だからです。したがって、すべての民族共和国が分離することを決定したとしても、それは多かれ少なかれ同じロシアです。

石井　もし本当に崩壊するとしたら、それはいつ起こると思いますか？

ポノマリョフ　プーチン主義の崩壊後が好機だと思います。なぜなら、明らかに国内には多くの内部矛盾や内部闘争があるでしょうし、一部の人々が恐れている様な本格的な内戦にはならないと思いますが、それでもかなり深刻な内部社会不安が起こる可能性があると思います。

石井　あなたのグループは昨年モスクワシティを攻撃しました。自由ロシア軍団の現在の活動と今後の目標について教えてください。

ポノマリョフ　自由ロシア軍団は、最前線で戦っている軍事グループです。そしてつい最近、今年3月には、クルスクとベオグラード地域のロシア領土で非常に大規模な作戦がありました。つまり、私たちは活動の規模を拡大しています。

ロシア国内での活動に関しては、あなたがおっしゃったようなレジスタンス活動があります。ウクライナと連携した活動がたくさんあります。軍の貨物列車への攻撃も数回ありましたし、ロシア国内のロシア軍基地への攻撃もありました。つまり、すべてはウクライナのさまざまな政府機関とロシア国内のレジスタンス運動の協力でおこなわれているということです。

モスクワシティへの攻撃は私たちではなく、ウクライナ領土からのドローン攻撃でした。昨年、私たちはクレムリンへの非常に目立った攻撃をおこなったので、おそらく少し勘違いされていることがあるかもしれません。確か、去年の5月5日くらいだったと思います（※著者注：5月3日）。とにかく、去年の5月から始まりました。しかし、これは政治的に重要な、メディアにとって重要な攻撃です。我々は時々攻撃をおこなっていますし、今後も継続しますが、政治的な意味は限られています。ですから、戦争に勝つという意味で意味のある攻撃というよりは、むしろ心理的な攻撃です。

石井　西側諸国の政府はプーチン大統領を非常に恐れ、ウクライナ政府によるロシア国境内への攻撃を抑制しているなど、戦争の拡大を恐れすぎていないでしょうか？

ポノマリョフ　この問題に関しては西側諸国の政府はあまりにも慎重で保守的だと思います。なぜなら、たとえウクライナがロシア領土内の標的を攻撃する許可を得たとしても、エスカレーションは起こらないという証拠がいまたくさんあると思うからです。例えば、イギリス政府はずっと以前にウクライナがミサイルを使ってロシア国内の標的を攻撃することを許可しましたが、何も起こりませんでした。ロシア外務省は単に不適切だと声明しただけで、それで終わりで、実際のエスカレーションは起きていません。

だから、これは主に現在のアメリカ政府の役割だと思います。彼らはそれほど若くはなく、非常に保守的で、非常に用心深く、特にこれほど遅い時期にゴーサインを出すことを恐れているのです。いまとなっては、誰もが最終的には許可が下りることを理解していると思います。

いまアメリカでは、すでにこの件に関する議論がおこなわれています。そして、おそらく1ヵ月か2ヵ月後には、最後の制限が解除されると思います。そして、彼らがまだ考えているこの2ヵ月間に、どれだけの人が亡くなってしまうかを忘れてしまうのです。しかし、私たちはこの許可を得るだろうと私は信じています。

石井　昨年（2023年）ウクライナはロシアへの反転攻勢に失敗し、戦場ではロシアが優勢になったと言われています。この戦争の行方をどう見ていますか？

ポノマリョフ　今年（2024年）は特に大きなことは起こらないと思います。プーチン大統領はドンバスでできるだけ多くの領土を奪い、自分のために領土を確保することに集中すると思います。なぜなら、彼はトランプのホワイトハウス復帰に賭けていると思うからです。プーチンは交渉があるだろうと考えており、交渉を始めるには自分にとって最良の立場を得る必要があると考えています。だからそれがプーチンの主な焦点です。

ウクライナは明らかにある種のサプライズを仕掛けることができますが、敵が準備できるような広く宣伝された反撃ではなく、奇襲攻撃になるでしょう。

ウクライナが何かをするとしたら、それは予想外の直接的なもの（非常に急速？）になるでしょうが、現時点での目的は再編成して生き残ることです。軍事生産には大きな格差があり、誰もがそれに取り組んでいます。

石井　あなたが思い描く理想のロシアとはどんなものですか？

ポノマリョフ　私にとっての理想のロシアは、民主的な国であり、非常に分権化された国です。つまり、すべての権力が地域社会に留まり、統合された西側諸国の一部となるような国です。要するに、EUの一部であり、NATOの一部であり、おそらく私たちが西側諸国と呼んでいる国々を統合する、より広範な北方同盟の一部でもあります。

それはより広い理解です。なぜなら、私にとって、例えば日本はこのより広い西側諸国の一部であり、ラテンアメリカもこのより広い西側諸国の一部だからです。非常に多くの国々が同様の価値観を共有し、中国やインドなどのグローバルサウスと競争することになります。

私にとって、この偉大で重要な同盟のために、ロシアは重要な要素なのです。

石井　最後に、日本の政治家や日本人に伝えたいことがあれば教えてください。

ポノマリョフ　自由ロシアと日本との戦略的同盟は必要不可欠だと思います。これは両国が互いの関係で抱えていたすべての古い問題を解決する鍵です。これは、ソ連時代以来正式に確立されることのなかった平和を、正式に、最終的に確立する鍵なのです。

そして、北太平洋地域全体の繁栄の鍵でもあります。私たちは戦略的同盟国である必要があると思います。そして、いまこそ協力し、この方向に進む時だと思います。

私たちはあなた方の助けを必要としていますが、その代わりに私たちが提供できるものがあります。

（インタビュー：2024年5月下旬）

最も興味深いポイントは、チェチェンは独立するだろうと言いつつ、サハなどは無理だろうとして、いくつかの民族共和国が分離独立したとしても、ロシアは依然としてロシアなのだと言っている部分だろう。それを「崩壊」とは呼ばないと言っているが、それは言葉の定義の問題であって、いずれにしろ現在のロシア連邦がそのままの形で存続するとは限らないということを認めている。前節のイナル・シェリプの見解もそうだったが、このシナリオは非常に可能性が高い。その意味で重要なことは、では残った「ロシア」がどういう国であるのかというところだ。そして、その時には、このイリヤ・ポノマリョフの存在が重要になってくるかもしれない。目が離せない人物であることは間違いない。

さて、昨年8月の第7回フォーラムにポノマリョフが来日した折にも様々な会話をしたが、印象深かったことを1つ紹介したい。「中国におけるチベット、ウイグル、南モンゴル、香港などの運動が、国連をはじめ国際社会全般で広く認識されているのに対し、ロシアの民族運動はほとんど知られていないと著者は思う。それは何が原因だと思うか」と質問した。あくまでも雑談の中でのことであり、かつ9ヵ月も前のことなので言葉の表現が完全に正確ではないだろうことは断っておくが、ポノマリョフは次のように著者に答えた。「中国での運動が大衆運動であるのに対し、ロシアの運動はエリートの運動だ。ロシアでは大衆は強いものの方に動く傾向がある」と。彼の指摘が正しいのかどうかはまだ著者にはわからない。ただ、1つの側面ではあるように思う。と同時に、「ロシア的なもの」と言っても良いのかもしれないが、会話の端々にあらわれるポノマリョフの持つ「凄み」を感じた瞬間でもあった。

第３章　ロシア連邦からの独立を訴える民族のリーダーたちの声

第１節　イングリア：プーチンの故郷がロシアから独立?

インタビュー：日本弓道の達人 デニス・ウグリモフ（自由イングリア社会政治運動　代表）

自由イングリア社会政治運動の代表を務めるデニス・ウグリモフ（ラトビア・リガ在住）と出会ったのは、昨年（２０２３年）８月、東京で開催された第７回「ロシア後の自由な民族フォーラム」だ。その後たびたび連絡を取り合い、来日時には会うようにしている。

イングリアと聞いて、それがどこにあるのかすぐにピンとくる日本人はまずいないだろう。著者ももちろん知らなかった。しかし、どこにあるかを聞いて、大変驚かされた。何と、サンクトペテルブルグとその周辺地域のことだというのだ。著者はあまりにも驚いてウグリモフにすぐに聞き直した。あなたはイングリアの独立を訴えている、つまりサンクトペテルブルグをロシアから独立させようとしているのか、と。するとその通りだと言うのだ。これがどれほどインパクトのある話か、おわかりいただけるだろうか。

まず、そもそもサンクトペテルブルグとは、あのロシア帝国の首都だったのだ。ロシア革命の前まで、つまりソビエト連邦がモスクワを首都にする前まで２００年にわたって首都だった街だ。サンクトペテルブルグはロシアそのものではないのか、とまず驚いた。そしてすぐに気づいたのだが、サンクトペテルブルグはプーチンの生まれ故郷だ。プーチンの生まれ故郷がロシアから分離して独立したら、もはや何が何だかわからなくなってしまう。その瞬間は思わず笑ってしまったが、本人はいたって本気なのだ。

「プーチンはサンクトペテルブルグが生んだ最悪の男だ。俺がこの手で決着をつけないといけない」と真剣そのものの目でウグリモフは言った。

サンクトペテルブルグと聞くとロシア帝国の首都としか思い浮かばないのだが、歴史を聞くと、18世紀にロシア領になる前はスウェーデン領だったとのことだ。ロシア革命の時に一時独立したこともあるという。だから、そもそもはロシアではないのだと言う。

しかも更に話が複雑であるのは、イングリアというのは1つの民族による地域ではなく、様々な民族が入り混じっている地域とのことだ。イングリア・フィン人などもいるが、イングリアの独立運動とは、民族運動ではないと言う。イングリアとは政治的な地域概念であり、ここはロシアではないという思想なのだ。

例えば、チベットやウイグルの独立運動であれば意味がわかりやすい。チベット人もウイグル人も明らかに中国人ではない。民族自決を求め、民族独自の独立国家を求めるのはごく自然なことだ。ロシアからの分離独立を求める運動も、チェチェン人やブリヤート・モンゴル人などのように民族運動であることが多いのだが、このイングリアの場合は事情が全く異なっている。繰り返しになるが民族運動ではないのだ。

では、実態のない概念的な架空のものかと言うとそうでもない。実は第7回フォーラムでもウグリモフは発言の中で少し触れたのだが、イングリアの独立を求めて運動をおこなっている人々で義勇軍を結成して、ウクライナ軍の外国人部隊に加わる準備を進めていた。まずは30人規模の小隊を結成するという。

ロシア・ウクライナ戦争の戦場を、将来のロシアからの分離独立闘争の戦力準備に使うという考えは、各民族の間でかなり共通して意識されているように感じた。ある意味では、この戦争を絶好の好機と捉えているのだ。これは中国に対する現在の運動が、人権問題としての政治運動であるのと大きく違うポイントだ。ウクライナの戦争に加わり、ウクライナがロシアに勝利することに少しでも寄与することが、自分たちの独立のチャンスを引き寄せると考えている。戦争の帰趨がどうなるかはまだ全くわからない。だがこの戦争こそ、プーチン体制を揺るがす好機以外の何物でもないという考えは、多くの人から聞かれた。

チェチェン・イチケリア共和国亡命政府の軍も、自由ロシア軍団も、ウクライナに拠点を構え、実戦に加わり、戦力を増強していっている。ロシアからの分離独立を訴える他の民族地域からも規模の大小は様々であろうが、同じように「軍」を組織するチャンスとして加わる人々が集まっていっているのだ。

昨年（2023年）8月にウグリモフと出会った時に彼はこう言った。今月中にもウクライナに入り、具体的な話を進めようとしていると。しかもウグリモフ自身がその義勇軍に入るという。ウグリモフは実は日本の弓道も体得しており、いかにも武芸者といったいでたちなのだが、「自分が行かなければ、他人を誘うことなどできないだろう」と当たり前のことであるかのように言う。さらっと言うが、これから戦場に行くということだ。そして、仲間と共に実戦経験を積み、さらに仲間を募り、引いては将来の戦いに備えようと考えているのだ。

さて、小隊（30人）と聞いて、そんなものでは話にならないではないか、と思われるかもしれない。ロシア軍は100万はいて、問題にもならない、と。だが著者は、30人と聞いて、逆にある歴史を思い出した。「南機関」である。

先の大戦の始まる直前、1941年、日本はビルマ援蒋ルートの遮断と、当時イギリスの植民地だったビルマ（現在のミャンマー）独立を主な目的として、鈴木敬司大佐を機関長とする陸海軍合同の工作機関「南機関」を設置した。南機関の工作活動は、のちに大戦が勃発して以降の日本軍のビルマ攻略に大きく貢献するとともに、大戦後にビルマがイギリスから独立を果たすに至る重要な役割を果たすことになった。本書のメインテーマからはずれるので南機関についての詳細は割愛するが、「30人」についてだけは触れておきたい。

実は、南機関が設置されて最初の工作活動は、将来のビルマ独立運動の中核となるべきビルマ人青年30人をビルマから脱出させ、将来の武装蜂起に備えて軍事訓練を施し、さらにビルマに再侵入させて工作活動に当たらせることだったのだ。実際、南機関はこの工作活動に成功し、海南島において非常に厳しい訓練をビルマ人たちに与えている。この30人こそ、後に「30人の志士たち」と呼ばれるビルマ独立の基礎となった英雄たちだ。巨大な大英帝国からの独立闘争も30人から始まった。今日ミャンマー民主化運動の象徴とも言えるアウン・サン・スーチーの父親で、「ビルマ独立の父」と呼ばれるアウン・サン将軍も、この30人のうちの1人だったのだ。

長い植民地支配の中で軍事的知識も経験も武器も何もない中では、闇雲に蜂起してもいたずらに犠牲が増える可能性が高い。しかしそこに、中核となるべき指揮官クラスがいたならば、事態はいかようにも変化させていくことができるのだ。

ウグリモフがまずは30人規模の小隊と言った時、著者は日本の歴史を思い出した。何か符合する感じを得たのである。

しかし、約9ヵ月経った今日、実はこの計画は様々な困難に直面して進んでいない。事態の経緯はこうだ。

イングリアの活動の中心メンバーの1人であるパベルが、まず最初にウクライナに入国し、ウクライナ軍の外国人部隊に入隊した。まさに先駆けとして臨んだのだ。外国人部隊への入隊に際しては、ウクライナの隣国ポーランドのワルシャワに拠点を構えている「市民評議会」が様々な調整を図っているとのことだ。もちろん、パベルもウグリモフと同じく、イングリアの小隊を作り、将来のイングリア独立闘争に備えることが目的でウクライナ軍に入った。ウクライナでは、ウクライナ側に立って戦うロシア人（ロシアの少数民族を含む）の義勇兵部隊である「シベリア大隊」に入隊している。パベルのFacebookには、軍装し、イングリアの旗を掲げている写真が勇壮に載せられていた。

ところがわずか数ヵ月後、11月には、パベルはシベリア大隊を除隊し、ウクライナを離れる決断をすることになった。その理由は、シベリア大隊を統括しているウクライナ軍の上層部が、イングリア人の「小隊」を結成することを頑なに拒否したからということなのだ。

パベルはシベリア大隊を離れるにあたって、「ウクライナに栄光あれ！」との言葉を残している。また入隊の便宜をはかった「市民評議会」への感謝の言葉も記している。「たとえウクライナの決定に誤りがあるとしても、全てを公で言うわけにはいかない」と述べ、静かに去る道を選んでいる。パベルにとってはイングリアの独立運動における武装組織を建設することが目標であったため、その目的を否定された状況で単なる一兵士として残る選択はしなかったということだ。

このイングリアの「小隊」を巡る一件は、ロシア・ウクライナ戦争の様々な側面を炙り出しているように思える。ウクライナは兵員が不足している。ウクライナ国民の更なる動員は、国民に非常に不人気な政策であり、政府としては極力おこないたくない。そういう中で、ロシア人（少数民族を含む）がウクライナ側の義勇兵として参戦してくれるということは、ウクライナにとっては何重にもありがたい話であるはずだ。純粋な兵員の数の問題だけではなく、ロシアに対する宣伝戦の意味で特に大きな効果を発揮している。ロシア人の中にもプーチンによる戦争を侵略だと考えている人が大勢いるのだと見せることができるからだ。

だが一方において、この戦争を通じてウクライナの最大の支援国であるアメリカ・バイデン政権をはじめ西側諸国は、プーチンが核兵器の使用を含めて最後には何をしだすかわからないという恐怖心から、戦争のエスカレーションをずっと恐れ続けてきたという事実がある。そのため、ウクライナ政府に対して、ロシア・ウクライナ国境の内側での反撃のみに止まるように制止し、ウクライナの求める武器も常に射程の短いもの、インパクトの小さいものに止めるという小出しに小出しを重ねるやり方を続けてきた。そしてウクライナ政府は、欧米の支援がないと成り立たないことから、その方針に従ってきているのだ。昨年（２０２３年）の夏以降、わずかばかりの攻撃をロシア国境を超えて始めてはいるが、たまにドローンを飛ばすのみで本格的なものには全くなっていない。まして、ロシアからの分離独立を求め、ロシア連邦の分裂を訴える運動への支援や武装組織の建設支援などには、非常に及び腰だということに他ならない。

このことを見ていると、著者は、ここでもかつての大戦における日本軍とアジア諸民族の独立運動のリーダーたちとの関係を同じように思い出さざるを得ない。全体として同じ方向性に向かっていても、その時々の状況に応じて利害や判断は変わってきてしまう。政府の上層部なのか現場の人間かによっても、意見は変わってくる。先に述べた「南機関」においても、現場の機関員と、大本営参謀本部との間では様々な違いが大きくなっていってしまっている。先の大戦において日本人も様々な苦渋の決断をしてきた。そのことを後世から見て「利用しただけ」と批判するのは簡単だが、そう単純なものではない。

イングリアの武装組織建設を拒否したウクライナ軍にも悪気はないのだ。彼らにも国際的に置かれた立場がある。全ては戦争の状況が決めることになるだろう。戦況がどう動くか次第だと著者は見ている。

さて、「ロシアの崩壊が早ければ早いほど、平和が近づく」とウグリモフは繰り返し述べている。何度も話をしていて、ウグリモフは非常に正直な男だと著者は思っている。彼ははっきりと言った。ロシアが崩壊し分裂した時には、かなりタフな状況になると。しかし、いまの世代がその苦難を味わうことになったとしても、次の世代においては、ロシアが分裂した方が世界はより良くなるというのがウグリモフの信念だ。ロシア分裂において想定される諸問題は認めているのだ。それでも自分のことではなく、次の世代、次の次の世代の真の平和を実現したいと考えている。賛否はあるだろうが、そういう考えは十分に認められ得るものだと著者は思う。

第2節　オイラト・カルムイク：ヨーロッパ唯一の仏教国

インタビュー：リアル〝映画「ターミナル」〟の男 バートル（オイラト・カルムイク人民会議　議長）

ヨーロッパ唯一の仏教国

なぜこんなところにモンゴル人がいるのか⁉　それが著者が彼らに興味を持った最初だった。チベット、ウイグルなどと同じく中国の支配下にある南モンゴルの人々への支援活動をおこなっている著者は、南モンゴルの仲間たちから、モンゴル系の民族は独立国家のモンゴル国、中国の植民地下の南モンゴルの他に、アフガニスタン一帯に暮らすハザラ・モンゴル人や、ロシア連邦内のブリヤート・モンゴル人、そしてオイラト・カルムイク人がいるということを聞かされていた。北から順番にブリヤート（ロシア連邦）、モンゴル国、南モンゴル（中国）は、現在は国境を隔てているが陸続きであり、1つの民族であることは地図を見ても一目で理解できる。ところが、カルムイク人が暮らすロシア連邦のカルムイク共和国とは、なんとカスピ海の西岸である。世界地図を広げてもらえばわかるが、位置的にあまりにも離れている。いったいなぜこのようなところにモンゴル人がいるのか。どういう背景があるのか。現在の状況、独立運動の横の連帯などを理解するためにも、まずは歴史を知ることから始める必要があるだろう。

ロシア連邦カルムイク共和国は、カスピ海の北西に位置している。ロシアのヨーロッパ地域の最南東にあり、南はダゲスタン共和国と、西と南西はスタヴロポリ州と、西はロストフ州と、北西はヴォルゴグラード州と、東はアストラハン州と接している。領域の南北の長さは458キロ、東西の長さは423キロである。面積は約7万6千㎢で、大草原と砂漠が広がっている。ベルギー、デンマーク、スイス、オランダなどの西ヨーロッパ諸国よりも広い。

人口は約30万人弱で、人口の約6割をカルムイク人が占めており、多数派を形成している。ロシア連邦内の共和国の多くでは、非ロシア人の民族の方がもはや少数派に転落し、人口比が逆転してしまっているところもあるが、カルムイクではまだ彼らが多数派を維持している。

モンゴル系民族である彼らはチベット仏教を信仰しており、共和国内にはチベット仏教の寺院も立ち並び、ダライ・ラマ14世が過去に3回も訪れている。ヨーロッパ唯一の仏教国だ。

現在ロシア連邦においてカルムイク共和国と呼ばれている彼らは、本来はオイラト・カルムイクという名前だ。この「オイラト」という言葉が消されているところが、そもそもソ連による民族の歴史を抹消する弾圧だ。オイラトとは現在で言えば中国のいわゆる新疆ウイグル自治区のジュンガル盆地を起源とするモンゴル系の部族であり、その歴史上の記述は11～12世紀にまで遡り、14～15世紀には独自の国家を建設している。数百年の間に、黒海からチベット、中国へと広がる広大な領土の国際関係を形成した4つのオイラト民族の国があった。17世紀、このオイラト族の一部が、清との戦争の結果ジュンガル盆地を追われ、カスピ海、そしてヴォルガ川の河畔に辿りつき、この地に100年以上続くことになるカルムイク・ハン国を建てた。18世紀に入り清の乾隆帝がジュンガル・ホンタイジ国を征服し、清・ジュンガル戦争が終結したことに伴い、ヴォルガ河畔に暮らしていたカルムイク人たちは先祖の地へと帰還することを決めるが、この年たまたま暖冬でヴォルガ川が凍結していなかったため、ヴォルガ川西岸のカルムイク人たちはそのまま取り残されることになってしまった。これが現在に至るオイラト・カルムイク人の先祖である。そしてエカテリーナ2世の時代に、ロシア帝国の支配下に組み込まれる。

ソ連時代、カルムイク人は苦難の歴史を歩むことになる。遊牧文化に理解を示さない共産主義体制のもとで定住化と集団化を強いられる。ソ連への抵抗活動をおこなっていたカルムイク人たちは、第二次世界大戦が始まりドイツが侵攻してくると、ドイツへの協力をおこなうようになる。それに対するスターリンの報復が凄まじい。1943年12月、オイラト・カルムイク人を民族丸ごと中央アジアとシベリアに追放したのだ。民族強制移住だ。9万3千人のうち1万6千人が死亡したと言われている。チベット仏教を信仰していた彼らの寺院はことごとく破壊され、地名なども変えられ、民族としての文化を抹殺する弾圧が加えられた。1957年に強制移住先から元の土地に帰ることが許されて現在のカルムイク共和国に至っているが、この悲劇が忘れられることはないだろう。ロシアの支配に対する民族としての記憶が刻まれているのだ。

リアル〝映画「ターミナル」〟の男

スピルバーグ監督、トム・ハンクス主演の2004年に公開された「ターミナル」という映画がある。主人公がアメリカのジョン・F・ケネディ国際空港に到着したところ、彼が母国を出国した後に母国でクーデターが起きており、パスポートが無効となり、入国ビザも取り消されていた。アメリカに入国することもできず、かと言って母国に引き返すこともできず、そのため国際線の乗り継ぎロビーで暮らすことになる。空港内の様々な人々との交流などを描いたコメディ映画だ。最後には、母国のクーデターが解決し、母国へと帰っていくというストーリーだ。

この映画「ターミナル」を真っ先に思い出すことになる人物と出会った。オイラト・カルムイク人民会議議長のバートル（アメリカ在住）という男だ。現在はアメリカを拠点にしているオイラト・カルムイクの人権活動家であり、１９８９年にオイラト・カルムイク人民史上初の社会政治的・民主的組織と呼ばれる「カルムイク人民戦線」を設立した４人のうちの１人としても知られている。彼はまさにこの映画の主人公と同じようにパスポートが切れて空港内で1週間も過ごしたという経験の持ち主だ。舞台は独立国であるモンゴル国の首都ウランバートル、チンギスハーン国際空港だ。バートルへのインタビューを紹介したい。

石井　あなたは空港の中で1週間も過ごしたというユニークな経験の持ち主だということですが、そのことについて教えてください。あなたの経験は映画「ターミナル」そのものですね。あなたがいた場所はどこですか？

バートル　私は２０２３年2月23日にアルマトイ（カザフスタン南東部にある都市）からモンゴルの航空会社「フンヌ航空」の飛行機でウランバートル（モンゴル国首都）へ飛びました。飛行機はチンギスハーン国際空港に到着しました。私が1週間過ごしたのは、チンギスハーン国際空港の、日本と韓国行きの便が毎日搭乗するゲートからそう遠くない場所にあるソファーの上です。近くに国境警備隊が２人いて、私をずっと監視していました。

石井　モンゴルに行く前にはカザフスタンにいたのですね。

バートル　はい、私はカザフスタンに約1年間滞在していました。

石井　あなたは元々はロシア連邦のカルムイク共和国で生まれ、活動をしていたわけですが、なぜその当時はロシアを離れてカザフスタンで1年間も滞在していたのですか？　カルムイク（ロシア）からカザフスタンに行った理由は政治的なものですか？

バートル　２０２２年2月24日、ロシアはウクライナに対する本格的な侵略を開始し、ロシア連邦領土の政治情勢は劇的に変化しました。私もメンバーであるオイラト・カルムイク人民会議は、２０２２年３月初旬に声明とアピールという2つの政治文書を作成し、公表しました。それらはウクライナ国民との連帯を公然と表明し、戦争に抗議し、戦争の即時停止とウクライナ領土からのロシア軍の撤退を要求したのです。ロシアではこの頃から法律が変わり始めました。

ロシアがウクライナへの侵略を開始した後、２０２２年3月4日、ロシア連邦の行政法および刑法に改正が導入され、ウクライナ領土におけるロシアの軍事行動に対するいかなる批判にも罰則が導入されました。例えば第２０７条3項が導入されました。刑法「ロシア連邦の軍隊の使用、ロシア連邦の国家機関によるその権限の行使に関する故意に虚偽の情報の公然流布」。さらに、２０２２年3月25日に導入されたロシア連邦刑法第２８０条3項「ロシア連邦とその国民の利益を保護するために、ロシア連邦軍の使用の信頼を傷つけることを目的とした公的行為……」によって、これらの国民の行為も規制されています。この条文では、1年以内に同様の行為で行政責任を問われた者は、刑事責任を負わなければなりません。この場合、10万ルーブルから30万ルーブルの罰金、または3年以下の強制労働、または4ヵ月から6ヵ月の逮捕、または3年以下の禁固刑が科されます。この声明とアピールには、私を含む人民会議の4人が署名しました。後に、全員が行政責任を問われることになりました。裁判所は、ロシア連邦行政犯罪法第20条3項3号により、4人全員を有罪としました。しかし、私は彼らの中で最も積極的な反対派であり、その時点ですでに反クレムリン活動やインターネット上でのロシア政治とプーチン批判で3つの行政処分を受けていました。私は、刑事事件が起こされるか、行政事件が刑事事件として再分類されるかのどちらかだと警告されました。反政府勢力の代表や民族活動家に関するロシアの一般的な司法慣行によれば、2つの行政決定の後、先のような判決が下されます。

それで、私はまずモスクワに向けて緊急に出発し、そこからカザフスタンに向かいました。カザフスタンに1年弱住んでいました。カザフスタン人の友人たちが、目立った政治活動をすれば間違いなくカザフスタン当局に拘束され、ロシアに引き渡されるだろうと警告したため、インターネットを通じてのみ、人知れず積極的な政治活動を続けました。

石井　なぜカザフスタンを離れモンゴルへ行こうと思ったのですか？　もしカザフスタンに残っていたら、何か問題があったのでしょうか？　モンゴルに入国して亡命を求めるつもりでしたか？　モンゴル国を選んだ理由は何ですか？

バートル　カザフスタンに住んでいる間、私はヨーロッパのいくつかの国（フィンランド、リトアニア、ドイツ、ウクライナなど）への旅行を何度も試みました。これは私の積極的な政治活動を続ける必要性からでしたが、私はカザフスタンではなく自由な国の条件でそれを発展させたかったのです。

しかし、ロシア市民としてのビザはおりませんでした。なぜなら私は政治難民としてではなく、一般的な理由で申請したからです。また、これらの国の側には官僚的な障壁が数多くありました。私がカザフスタン領内に滞在していた間、カルムイクの治安当局は私がカザフスタンにいることをすでに知っていたため、ロシアからの要請とロシア当局への引き渡しの脅威がありました。

私は、ロシアの「捕虜国」である非ロシア系先住民族のプラットフォームである「自由民族同盟（Free Nations League）」を共同設立しました。このプラットフォームは、現在のロシア連邦の民族の自決、脱植民地化と解放、ロシアの崩壊、新たな独立国家の創設を目的としています。さらに、ＳＮＳ上での公的活動も続けました。２０２２年10月、私はカルムイク共和国の国家独立宣言を準備し、議会で採択されます。２０２３年６月に独立宣言文はロシアで過激派資料として認識され、２０２３年８月23日にはロシア当局はオイラト・カルムイク人民会議を過激派組織と認定し、その活動はロシアの領土内で禁止されました。そのため私の活動は少なくとも過去15年間、特に２０２２年２月以降は、ロシアでは過激主義、分離主義、ロシアの国益に対する脅威などとみなされてきました。

カザフスタンで私を拘束し、ロシアに引き渡すという恐れは、次の事実によっても明らかでした。

①カザフスタンとロシアは同盟国である。

②カザフスタンでは、ロシアを批判するカザフスタン国民は投獄されるまでの迫害を受けている。

③カザフスタンではロシア政府に反対するロシア国民の拘禁があった。

④ロシア当局および諜報機関は、ロシア連邦の民族地域および人民、民族自決の考え、ロシアからの分離と独立の可能性に関するあらゆる活動を監視し、そのような活動家を迫害する。

したがって、私はモンゴルに行き、自由の国で政治活動を続ける必要があると決心しました。当時、私はまだロシアとモンゴルの諜報機関と当局の間の高度な管理と調整を信じていませんでした。亡命については考えていませんでしたが、モンゴルの市民権を申請するつもりでした。モンゴルを選んだのは、次のような理由からでした。モンゴル国の自由に対する私の幻想、私の民族に近い文化と言語、知り合いのモンゴル人の多さ、モンゴル語を学びたいという願望、カルムイクの民族解放運動に対するモンゴル当局からの支援の可能性に対する幻想などです。

石井　カザフスタンからの出国、モンゴルの空港での滞在という経緯の間に、あなたのパスポートの有効期限が切れたということですが、説明してもらえますか。

バートル　ロシアにいたころ、海外旅行をする予定がなく、パスポートを更新するつもりも特にありませんでした。しかし２０２２年3月、私は緊急に荷物をまとめてロシアを脱出しなければならなくなりました。それは先ほど話したような事情からです。

カザフスタンで当初購入した航空券によれば、パスポートの期限が切れる前にモンゴルに飛ぶことになっていましたが、カザフスタンから飛び立とうとした空港で、カザフスタン当局にある事情を明らかにするために拘束されました。そのため、ウランバートル行きの航空券を後日買い直すことになりました。そのため、2~3日後にモンゴルに飛んだ時にはパスポートの有効期限が切れていました。モンゴル当局は、私が空港から出て自国領内に入ることを拒否しました。

私はモンゴル大統領に政治亡命を申請しましたが、拒否されました。私が市民権を申請しなかったのは、この手順を理解したところ、非常に長く、多くの段階的な条件があることが判明したからです。

さらに、モンゴル当局は、ロシア側の要請に応じて、私をカザフスタンに強制送還し、その後ロシア当局に引き渡すか、直接ロシアに引き渡すと脅迫しました。この意図は、モンゴル当局が、あるロシア人を空港職員を装って国際線ゾーンに立ち入らせたという事実によって確認されました。おそらくロシア情報機関の職員で、私にロシアに戻るよう説得しようとしていたのでしょう。

石井　なぜモンゴル国政府はあなたの入国を許可しなかったと思いますか？　つまり、モンゴル人の同胞として保護するという選択肢もモンゴル国にはあったはずだと思いますが。

バートル　モンゴル当局は、政治難民の身分を提示して私を入国させる権利がありました。しかし最終的に、モンゴル当局は私の受け入れを拒否しました。それは私の反ロシア的立場を理由としてであり、パスポートの有効期限が切れていたからではありませんでした。モンゴルは政治的にロシア当局に依存しています。私はロシアにもカザフスタンにも戻ることを拒否しました。空港の国境警備隊は到着の翌日、私を強引に飛行機に乗せようとしましたが、私は抵抗し、彼らは失敗しました。

モンゴルから国連難民高等弁務官事務所とアメリカ国務省の支援を受けて、私は２０２３年3月1日にアメリカに飛びました。もしその日にアメリカに向けて飛び立たなければ、翌日にはカザフスタンに強制送還されていたでしょう。モンゴルの代表たちはイルクーツクかウラン・ウデ（ロシア連邦の都市）への直行便を用意していたようでした。

（インタビュー：２０２３年9月～10月）

ロシアに直接送り返された場合はもちろんのこと、カザフスタンに送られていたとしても、結果的にロシアに送られることになり、その後のバートルの運命は反国家活動家として刑務所に送られることになっていただろう。そう考えると、チンギスハーン国際空港のロビーに滞在することを余儀なくされた1週間に繰り広げられた攻防は、まさに彼の生死を分けることになったのだ。聞くところによると、モンゴル国のバートルの友人たち（モンゴル人）が、国連難民高等弁務官事務所やアメリカ国務省に必死の働きかけをおこなったとのことだ。

映画「ターミナル」はコメディーだが、こちらは命懸けのドラマだったのだ。

独立宣言

【カルムイク共和国の国家独立に関する宣言】２０２２年10月26日

オイラト民族には歴史上いくつかの主権国家が存在した。１７７１年10月19日、エカテリーナ２世の勅令により、オイラト族最後の独立国家は清算されてしまった。オイラト・カルムイクの領土はロシア帝国に併合され、追加された。

１９２０年７月２日から９日にかけて、第１回労働者カルムイク人民ソビエト全カルムイク会議がチルギル村で開催され、ロシア・ソビエト連邦社会主義共和国内の自治区の形で国家の形成が宣言された。この会議には、アストラハン州とスタヴロポリ州のすべてのカルムイク人、キルギスタンのドンとテレク地域、ウラル地域、オレンブルク州に住むカルムイク人の代表者が出席した。

カルムイク自治州は、１９３５年10月20日にカルムイク自治ソビエト社会主義共和国に変貌したが、１９４３年12月27日に廃止され、オイラト・カルムイク人は強制移住と大量虐殺の対象となった。

１９５７年１月９日、カルムイク自治州はスタヴロポリ準州の一部として再編成され、１９５８年

7月29日、カルムイク自治ソビエト社会主義共和国となった。

１９９０年10月18日、カルムイクＡＳＳＲ最高会議が「カルムイク・ソビエト社会主義共和国の国家主権について」の宣言を採択した。同宣言は、カルムイク・ソビエト社会主義共和国の国家主権を厳粛に宣言し、「カルムイク人民の自由な自己決定権に基づき、社会経済的進歩、文化的復興、生活水準の根本的向上を求めるカルムイク人民の願望を考慮し、独立した経済・社会政策を追求する共和国人民の意思を表明する」民主的な立憲国家を建設する決意を表明した。

しかし、その後の数年間はすべて、ソ連の崩壊とロシア連邦の成立、カルムイク大統領に民主主義と自由の芽を折った無責任な冒険家を選出したこと、そしてＶ．プーチン大統領の権力によってついに確立されたロシアの権威主義体制の強化などのため、カルムイク当局が主権と国際的に認められたオイラト・カルムイク人の自決権を段階的に放棄する時期となった。１９９４年、イリュムジーノフ大統領とその支持者の自発的な決定により、非合法な手続きの結果、カルムイク共和国擬似憲法、いわゆるステップ法典が承認され、その中でカルムイク共和国は、ロシア連邦憲法で定義されているように、国家ではなく従属物として記録された。その後、カルムイク共和国に対するロシアの政策全体は、この限定的な地位に基づいて構築された。

カルムイク共和国のすべての当局は、前および現在の大統領および首長、人民クラル（議会）の議員、カルムイク共和国の政府および裁判所など例外なく、オイラト・カルムイク人民、多民族の国民全体、そしてカルムイク共和国のすべての重要かつ基本的な利益と権利を守るためにまったく何もおこなわなかった。自由でないカルムイク当局は、モスクワの意志を弱々しく実行する者であり、人民と共和国の国益を守るには無力であることが判明した。
プーチン独裁の現状では、次のようなことが起きている。
●国の非常識な中央集権化と軍事化
●ロシアによって征服された非ロシア人の文化と言語、そしてロシア連邦内の民族共和国の形での権威と国家の地位に対するクレムリンの総攻撃
●ロシア帝国の復活
●20世紀のナチス政権や、ラテンアメリカ、アフリカの軍事独裁政権の制度や慣行を再現し、利用すること
●国際法の一般的に認められた規範に対する規則的かつ冷笑的な違反
●国際犯罪および国際的な人物への犯罪的攻撃の実行
●オイラト・カルムイク人およびカルムイク共和国を含むロシア連邦の民族および民族地域との関係でロシアが負う義務、以前に調印された連邦条約およびロシア連邦憲法の条項に対する連邦政府による完全な一方的違反
●ロシア連邦が後継者であるソ連による大量虐殺や戦争犯罪の生存者を含む、抑圧された人々の権利が常に無視されており、１９９１年に制定された「抑圧された人々のリハビリテーションに関する法律」が施行されていない
この国では排外主義、人種差別、外国人排斥、民族差別、大国ヒステリーの横行、スターリンやその他の過去の怪物への賞賛が蔓延している。オイラト・カルムイク人の追放期間中にカルムイク共和

国から不法に引き剥がされた領土は回復されておらず、ロシアの近隣地域に有利なようにカルムイク共和国の領土の引き剥がしと併合が続いている。

ロシア連邦は、カルムイク共和国の経済発展を直接妨げる植民地金融経済政策を追求しており、その結果、共和国からの大規模な流出とオイラト・カルムイク人の人口減少が年間を通じて続いている。強制移住からの人々の帰還後、カルムイク共和国は国民への飲料水の供給という点でソ連とロシアの中で最下位にとどまっており、その水にはモスクワによる明らかな大量虐殺の兆候が含まれている。カルムイクの人々の意見と利益は完全に軽視され、無視されている。クレムリンによる共和国指導者の任命は非民主的で偽造された選挙を使用し、共和国はその権限の多くを剥奪され、その権限はモスクワによって一方的に割り当てられ、民族団体の活動は抑圧され、市民活動家や民族活動家に対する連邦当局のテロは止まらない。

このような絶対的に耐え難い状況において、ロシアにこれ以上とどまれば、ロシア化、同化、劣化が進み、オイラト・カルムイク民族の存在そのものが脅かされることは極めて明白である。

上記に基づき、オイラト・カルムイク人民会議は、歴史的責任を自覚し、オイラト・カルムイク人民の唯一の合法的代表機関として、オイラト・カルムイク人民のロシアへの植民地的依存からの完全な解放の必要性を宣言し、ロシア連邦からのカルムイク共和国の分離、主権独立国家の宣言と創設を求める決意を宣言する。

オイラト・カルムイク人民会議は、カルムイク共和国の独立国家の樹立が、オイラト・カルムイク人民の存在と発展のみならず、固有の言語、文化、伝統、文字、民族教育、知識、様々な活動形態を維持するための最も重要で唯一の条件であると信じる。

オイラト・カルムイク人民会議は、どこに住んでいるにせよオイラト・カルムイク人民のすべての代表者、カルムイク共和国の多民族人民全体に対して、この宣言をあらゆる可能な方法で支持し、表明された目標の実際的な実施の準備を整え、将来の自由で独立した豊かなカルムイク共和国の形成、強化、発展に自らの貢献をするよう訴える！

オイラト・カルムイク人民会議は、世界のすべての国、政府、議会に対し、オイラト・カルムイク人民をロシア帝国の植民地的抑圧から解放する必要性と、自決権と独立国家建設の正当な権利を認識するよう訴える。

正義を勝ち取ろう！

オイラト・カルムイク人民会議メンバー
Arslang Sandzhiev, Batyr Boromangnaev, Vladimir Dovdanov, Erentsen Dolyaev, Albert Sharapov and others.

第3節　ブリヤート・モンゴル：力をあわせる「モンゴル世界」

インタビュー：ウラジミール・ハムタエフ（ブリヤート独立委員会　議長）
インタビュー：歴史の真実に目覚めたオペラ歌手 マリーナ・ハンハラエヴァ（ブリヤート独立運動〝トゥスガール〟創設者）

前節のオイラト・カルムイクに続いて、同じくモンゴル民族のブリヤート・モンゴルについて述べていきたい。オイラト・カルムイクがカスピ海の西岸と非常に離れた土地に位置しているのに対し、ブリヤート・モンゴルはモンゴル国の北側に国境を接している。

北から順に、ブリヤート・モンゴル（ロシア連邦）、モンゴル国、南モンゴル（中国）と広がるモンゴル人地域だ。3ヵ国に分裂させられている現状が大変痛ましい。

さて、第7回「ロシア後の自由な民族フォーラム」にも来日したマリーナ・ハンハラエヴァ（アメリカ在住）へのインタビューから紹介したい。

石井　あなたの経歴について簡単に教えてください。

マリーナ　私はサンクトペテルブルク国立音楽院をコンサート・オペラ歌手として卒業し、その後ブリヤート国立オペラ劇場でオペラのソリストとして働きました。その後、アメリカに渡り、SMUのアーティスト・プログラムを修了しました。これらはすべて、ウクライナ戦争が始まる前のことです。

石井　オペラ歌手のあなたが、いつ、なぜブリヤート独立運動に関わるようになったのですか？

マリーナ　他の多くの人たちと同じように、ロシアによるウクライナ侵攻は私の世界を停止させ、多くのこと、特に歴史と政治に対する見方を見直すきっかけとなった出来事でした。私は、真実の歴史が私たちから隠蔽されていること、そしてロシア政府がその本質において帝国主義的であり、何世紀にもわたって秘密裏に先住民族の虐殺をおこなってきたことを知りました。ブリヤート人とロシア占領者との戦争が150年も続いた史実を知ったことは、私にとって啓示でした。ロシア国家が帝国の野望に合わせて歴史を書き換えているため、このことを知っているブリヤート人はほとんどいません。おそらく最大の衝撃は、私たちブリヤート・モンゴル人が本質的にはロシアに占領された北方モンゴル人であり、誇り高く輝かしい、そして悲劇的な抵抗の歴史があることを認識したことでしょう。帝国の戦争に何度も何度も利用されるわが民族を見て、私は黙っているわけにはいかないと理解しました。真実を確実に伝えるためにあらゆる手段を尽くすつもりです。

2023年1月、私はブリヤート独立運動組織「トゥスガール」を創設しました。

石井　あなたやトゥスガール、ブリヤート独立委員会は、他のモンゴル人、例えばオイラト・カルムイク人、モンゴル国内のモンゴル人、南モンゴルのモンゴル人などと協力していますか?

マリーナ　はい、私たちは「モンゴル世界」と積極的に協力し、関係を強化しています。私たちには「ロシア世界」は必要ありません。私たちには、祖先から受け継がれた歴史、伝統、文化規範を持つ独自のモンゴル世界があります。

私たちは、モンゴル世界が力を合わせれば、ロシア世界の拡大に効果的に立ち向かうことができると信じています。

石井　将来、ブリヤート・モンゴルが独立できた場合、ブリヤート・モンゴルだけの国家を作りたいですか？　それともモンゴル国と合併したいですか？　さらに、もし南モンゴルが中国から独立できた場合、ブリヤート・モンゴル、モンゴル、南モンゴルの連合体を作る考えはありますか？

マリーナ　私の意見では、ブリヤートは最も美しく資源に恵まれた共和国の1つであり、モンゴル世界の宝石になり得ると考えています。繁栄とモンゴル世界との関係強化について語るのであれば、モンゴル世界の友好的な独立民主国家の連合にならないということはないでしょう。これは近隣諸国の全体主義に対する良い予防手段となるでしょう。

（インタビュー：２０２４年５月）

マリーナの訴え（第7回「ロシア後の自由な民族フォーラム」２０２３年8月2日のスピーチより）

ブリヤート人はバイカル湖周辺の地域に住む先住民族です。私たちはシベリアで最も人口の多い先住民族であり、ロシアの植民地化以前に独自の歴史と文学を持っていた唯一の民族です。ブリヤートはかつてモンゴル世界の一部であり、中央アジアと東アジアの国際貿易システムで重要な役割を果たしていました。

18世紀、１３８年間にわたる残忍な戦争の末、ブリヤートはロシアに占領されました。ブリヤート人は強制的なキリスト教化に耐えましたが、それは全人口に壊滅的な影響を及ぼしました。組織的な抵抗の試みはすべて厳しく罰せられ、村全体が虐殺されました。女性と子供は強制的に奴隷にされました。

ロシア帝国時代、ブリヤートはロシア農民の強制集団移住先となり、多くの刑務所が置かれていました。

ソ連時代、いわゆる集団化により、何千もの家族が崩壊しました。哲学、医学、占星術に関する仏教著作や、ブリヤートの数世紀にわたる仏教遺産も破壊された。そして、ブリヤート知識人の代表約２万人が処刑されました。

１９３０年代に、クレムリンは正式にブリヤート文字をキリル文字に置き換えました。ブリヤート人は、母語を話したり、修道院で勉強しただけで処刑に直面した。１９３７年、ブリヤートは５つの地域に分割された。ブリヤートではブリヤート人人口の40％が減少し、少数派のロシア人が多数派となったのです。

１９７０年代、ブリヤート語は学校で完全に禁止され、何世代にもわたりブリヤート人は母国語を知らずに育ちました。２０２０年にはロシア憲法が改正され、ロシア語が唯一の国家言語であると宣言されました。ユネスコの報告書によると、ブリヤート語は絶滅危惧言語に指定されており、２０５０年までに完全に消滅する見込みです。

今日のブリヤートの仏教団体はモスクワによって管理されており、その政策を推進しています。世界の仏教徒の精神的指導者であるダライ・ラマ法王は長年入国を拒否されてきました。２０１０年以来、ロシア当局は公立学校にロシア正教を積極的に再導入しています。

何世紀であるか、どんな政府であるか、モスクワの政治制度が何であるかに関わらず、変わらないことが１つあります。それは、一度征服した土地を永遠にロシアのものにするために、意図的かつ組織的にブリヤート文化を破壊し、すべてをロシアのものに置き換えるという政策です。

ブリヤートはロシアの植民地である間、さまざまな生活の質の指標において常にロシアで最も貧しい地域にランクされてきました。ブリヤートは天然資源が豊富ですが、利益のほとんどはモスクワに流れ、大手鉱山会社はモスクワに登録されています。ブリヤートの土地には、ロシアの亜鉛埋蔵量の半分、鉛、モリブデン、タングステンの3分の1、カドミウムの40%以上、ウラン約4万トン、リチウム40万トン、100以上の金鉱山、その他30以上の鉱石が埋蔵されています。さらに、ブリヤートには世界で最も深い湖であるバイカル湖があり、ユネスコの世界遺産に登録されており、地球上の淡水埋蔵量の約20%が含まれています。

2020年、ロシア政府はバイカル・アムール鉄道とシベリア横断鉄道の拡張のため、ロシア鉄道に対し大規模伐採を許可しました。

ロシアに住むアジア人として、私たちは組織的な差別と日常的な排外主義に直面しています。私たちは生まれた時からロシア人と同等とは見なされず、ただ存在するだけで憤りを感じます。モスクワや他のロシアの都市では、非スラブ系の容姿の人がアパートを借りたり、仕事を見つけるのは非常に難しいのです。ロシアでは学校でのいじめ、暴行、さらには人種的動機に基づく殺人さえも頻繁に起きています。犯罪が非スラブ人によっておこなわれた場合、その事実はニュース報道で強調されます。

攻撃的なナショナリズムはロシアの事実上の国家イデオロギーとなっており、これは国民に広く支持されているのです。スラブ系ロシア人の多くは、近隣民族に対する文明の優位性を信じています。この考え方がロシアをウクライナでの全面的な排外主義戦争へと導きました。

かつてロシア帝国と呼ばれ、帝国という言葉が時代遅れになったため後にロシア連邦と改名したこの国において、私たちの民族の物語は特別なものではありません。オオカミが自分を羊だと呼んだとしても、それはやはりオオカミです。ここは、壮大で世界の特別な場所だという考えが広まっている危険な帝国です。これらのアイデアは皇帝とそのエリートたちにとっては追求するには刺激的なものに違いないでしょうが、国民と近隣諸国にとっては災害以外の何物ももたらしません。

私たちはブリヤートとロシア帝国の他の先住民族の独立を支持します。私たちはブリヤート文化を大切にし、育んでいきたいと考えており、ブリヤートを故郷と考える他のすべての人々の権利を最大限の敬意を持って扱いたいと考えています。私たちはすべての近隣諸国、つまりサハ（ヤクート）やトゥヴァなどの将来の新しい国々、そしてモンゴルや日本などのこの地域の他のすべての国との強い絆を望んでいます。私たちは紛争や戦争ではなく、貿易と協力を求めています。

私たちはまた、帝国を解体することが近隣諸国が安全を感じる唯一の方法であると信じています。ロシアは常に攻撃的な帝国であり、人命や近隣諸国との平和よりも無分別な拡大を優先してきました。これは現在、ウクライナにおいても明らかです。侵略を維持するために、ロシアはアフリカの軍閥ギャングであれ、北朝鮮の政権であれ、世界各地で破壊的な政治勢力を育成しているのです。

私たちはブリヤート独立委員会を設立しました。私たちは決意を固めており、行動する準備ができています。しかし、暴力と石油・ガス収入からの数十億ドルに依存する犯罪国家と戦うには支援が必要です。ブリヤート人への支援をよろしくお願いいたします。私たちが自らの運命を形成し、文化的アイデンティティーを維持できるように力を与えてください。平和、尊厳、繁栄の未来を切り開こうとする私たちに寄り添ってください。

ブリヤート独立宣言

２０２３年7月23日、「世界の首都」ニューヨークにおいて、ブリヤート独立を支持するブリヤート人たち、ブリヤート人民会議（V.A. Khamutayev 等）、エルヘテン運動（R. Dugar - De Ponte 等）、「トゥスガール・ブリヤートーモンゴル」運動（マリーナ・ハンハラエヴァ 等）、モンゴル情報センター（P. Dambiyev 等）、汎モンゴル人党（D. Dugarov 等）などブリヤート社会政治団体の指導者たち、そして世界中のブリヤート人とロシアの植民地解放を支持する人々のビデオ参加により、ブリヤート独立のためのブリヤート政治団体会議が招集された。そして、何世紀にもわたるロシアの占領と抑圧によるブリヤート人の悲劇と、「ロシア世界」のプーチンとプリゴジンによって引き起こされた血なまぐさい反ウクライナ戦争について議論し、一般に受け入れられている以下の結論と決定に達した。

ブリヤート・モンゴルでは、何世紀にもわたる植民地支配、すなわち大都会の抑圧の結果、我々の自治国家は虚構となり、モスクワの植民地となり、モスクワに完全に支配されている。ブリヤート・モンゴル共和国は、ロシア連邦のすべての戦争に、自国民の「生きた肉」を惜しげもなく提供している。共和国の最も豊かな鉱物資源は、共和国とその国民のために使われることはなく、プーチンとその一派によって略奪されている。

ブリヤート語は「共和国」の教育システムから追放され、発展することはない。

ブリヤート自治管区は自治権を奪われ、共和国からの庇護も、その創造的・科学的潜在力も奪われ、いまやロシア地域とクライ（著者注：「地方」ロシアの行政単位）の中で劣化と同化を加速させている。これは人種差別政権の悪意ある行動である。

ブリヤート人は、傀儡政権によって運命のなすがままに事実上見捨てられており、金のための犯罪戦争への参加が例証するように、貧困に陥り疎外されている。ブリヤート人の何千もの家族が徴兵からの男性の逃亡によって分断され、何千もの家族が失業、貧困、戦争のための徴兵などで絶望的な状況に陥っている。

プーチンとブリヤートにおけるその手下たちは、ブリヤートの非民族化と疎外政策を進めている。その結果、私たちブリヤート・モンゴル人はいま、最後の段階である民族解体、脱民族化に追い込まれている。私たちの完全な同化とロシア化、ブリヤート・モンゴル人の民族的特徴の排除に興味を持つ人々に助けを求めることは意味がない。

（中略）

ロシアに奴隷化された諸民族の民族問題、すなわち自決権とクレムリンからの独立の権利は、国連の主要議題となり、すべての大陸で国際機関や国家のあらゆるプラットフォームから聞かれるはずである。非ロシア民族の悲劇は、プーチン大統領のロシアの「アキレス腱」である。全世界が、ロシアがかつてもいまもいかに邪悪な怪物であるかを、私たち先住民や奴隷化された人々から聞き、団結して私たちを支援すべきである。

（中略）

上記に基づいて、ブリヤート人独立を支持する我々は、以下のメンバーからなるブリヤート独立委員会を設立した。

1. ウラジミール・ハムタエフ ― 議長
2. R.D. Dugar-De Ponte ― 書記
3. R. Gomboev ― 書記
4. マリーナ・ハンハラエヴァ ― 書記
5. P. Dambiev
6. E. Morland ― 委員会メンバー

ブリヤート軍について

ブリヤート独立委員会（以下、委員会）は、その第1回会合で以下の決議を採択した。
決議：ブリヤート軍（Buryaad Zabsagt sereg）の結成について
ウクライナにおけるプーチンの冒険の失敗により、ロシアの政治的崩壊は避けられない。連邦組織やオリガルヒの金融会社の民間軍事会社、民間軍事会社「ワグネル」のような他のギャングの数十、ウクライナでの略奪戦争から戻ったギャングの数十は、内戦を解き放ち、ロシアの地方で権力を掌握しようとするだろう。ブリヤート軍は、そう遠くない将来、そのようなギャングからブリヤート共和国とその町や村を守るよう求められている。１９１７~１９２０年、白軍、赤軍、その他のギャングとの闘争で「ウラン・ツァグダ」が陥落した悲しい経験を持つ当委員会は、相互援助と共同作戦のために、ロシアにおける非ロシアの同胞民族のすべての民族組織と調和して、戦闘可能な軍隊を形成するために緊密に努力する。（中略）

ロシアによってこの戦争に動員されているブリヤート出身の戦士たちに、ロシア軍の戦争犯罪に参加せず、ウクライナ軍の側に移動し、それによってブリヤートとその家族のために命を救うよう、公然と訴えるよう指示した。

ブリヤート独立委員会 議長　ウラジミール・ハムタエフ
２０２３年８月31日

最後に、ブリヤート独立委員会議長であるウラジミール・ハムタエフから本書に寄せられたメッセージの一部を紹介したい。ハムタエフは、１９８７年、ゴルバチョフの「ペレストロイカとグラスノスチ」が始まって以来、長年にわたってブリヤート・モンゴルの独立運動をおこなってきており、『血塗られたロシアの征服：ブリヤート・モンゴル、シベリア、コーカサスの掌握から２０１４年と２０２２年のロシアのウクライナ侵攻まで』（未邦訳）の近著もある歴史学博士である。

〝ロシアのすべての非ロシア系民族は、同じような悲惨な状況にある。プーチンによって目覚めたロシア帝国ナチズムは「ロシア人のためのロシア」と要求する。そして、「ロシアを守るため」に非ロシア人を「ミンチ」にしている。ウクライナでの戦死者は、モスクワ人１人に対し、ブリヤート人２８０人、トゥヴァ人３５０人、タタール人、チェチェン人、バシキール人、ヤクート人、バルカル人……が何百人もいる。つまりプーチンとロシアのナチズムは、非ロシア人を殺しているわけだ〟

〝私たち非ロシア民族は、いかなる状況においても、「新たな民主主義ロシア」や「真の連邦と連邦条約」のための闘士であることを急いで公表する人々に、決して賛同すべきではない。「もういい！

もうロシアは信用できない！」〟

〝私たちブリヤート人は、私たちが歴史的に最も温かい感情を抱いてきた日本の人々と当局に、私たちが「ロシア連邦」のくびきをはずすのを助けてくれるよう訴えます。私たちは、日本の「北方領土」と「樺太」の返還要求を全面的に支持します〟

ハムタエフが「モスクワ人1人に対し、ブリヤート人280人……」と述べているのは、ロシア・ウクライナ戦争の戦死者の割合が異常なまでに少数民族に多い問題だ。「プーチンは戦争を利用して少数民族を虐殺している」との批判の声はかなり多い。

第4節　バシコルトスタン：氷点下で繰り広げられた大規模デモ

インタビュー：ウクライナ侵攻で独立を決意 ルスラン・ガッバソフ（海外バシキール民族運動委員会　議長）

ロシア連邦の中西部に位置するバシコルトスタン共和国において、今年（2024年）1月15日から数千人規模の大規模デモが連日起き、多数の逮捕者を出す騒ぎとなった。2022年2月に始まったウクライナ侵攻以降、ロシアでは反政府活動への取り締まりが強化されており、このような無許可デモが大々的に起きたことは異例中の異例で、最大規模のものとなった。催涙弾が乱れ飛び、治安部隊が民衆を殴打する映像がネット上にも流れた。3月の大統領選挙直前のこの時期に、ロシア内部で大きな混乱が起きたことは注目を呼んだ。

ロシア連邦からのバシコルトスタンの独立を訴えて活動しているバシキール人のリーダーで、リトアニアに亡命している海外バシキール民族運動委員会議長であり、バシキール国民政治センター代表のルスラン・ガッバソフによると事情は次のようなものだ。

デモは、バシキール人の環境活動家フェイル・アルシノフが不当に逮捕され、1月17日に裁判で懲役4年の実刑判決を受けたことに対する抗議活動として、その前後に巻き起こった。フェイル・アルシノフは15年以上にわたってバシコルトスタンにおいて公的または政治的活動に従事してきており、権威ある人物とのことだ。アルシノフが率いていた「バシコルト」という組織が「過激派」と認定されたため、その後、アルシノフは政治家としての活動を停止して、バシコルトスタン共和国の生態系保護のために活動していた。天然資源が豊富なウラル山脈地域には、さまざまな外国企業が進出しており、地元住民のために環境保護活動に取り組んでいたのだ。

ある抗議集会においてアルシノフが「バシキール人は、最終的に自然が破壊されれば、自分たちの土地からどこにも行くことができない。他のどんな人でも、例えばタタール人ならタタールスタンへ、ロシア人ならヴォロネジ（ロシア南西部の都市）へ、アルメニア人ならアルメニアへ行くことができるが、バシキール人にはバシコルトスタンしかない」と強調したところ、バシキール語で話していたこのアルシノフの言葉を、あたかも「他民族を追放せよ」と呼びかけていたかのようにＦＳＢ（ロシア連邦保安庁）が歪曲（意図的誤訳を）して、民族憎悪を煽った罪で不当に逮捕したとのことだ。

アルシノフの裁判への抗議活動が15日から巻き起こったため、判決が17日に延期された。数千人のデモ隊と治安部隊が衝突し、この日少なくとも15人以上が逮捕されたとのことだ。さらに、19日にはバシコルトスタン共和国の中心都市ウファでも１５００人規模のデモが起きた。デモは、元々はフェイル・アルシノフの不当逮捕と判決に抗議したものだったのだが、ウクライナでの戦争への反対やプーチンへの批判まで飛び出したとのことだ。氷点下の凍てつく冬の寒さの中、激しいデモが起きたのだ。

続いて、５月におこなったガッバソフへのインタビューを紹介したい。

石井　バシコルトスタン共和国で1月に大きなデモが起きたと聞いています。現在、バシコルトスタン共和国はどのような状況ですか?

ガッバソフ　バシコルトスタンにおける1月の抗議デモの後、バシキール人に対する大規模な弾圧が始まりました。これまでに80人以上が逮捕され、裁判を待たずに拘留されています。彼らは全員、「集団暴動への参加」と「法執行機関への抵抗」の罪で起訴されています。多くは15年以下の刑に処されます。大規模な弾圧の結果、拘束されていたバシキール人の1人、リファァタ・ダウトワが殴打と拷問の末に殺害されました。別の被拘禁者ムニル・イシャンギリディンは、尋問後に自殺しました。その後、法執行官の行動に対する調査はおこなわれていません。

バシキールの人々は、弾圧の後、静かになっていますが、折れてはいません。彼らは怒っており、再び立ち上がる時を待っているだけです。

石井　あなたの個人的な経験について聞かせてください。あなたはいつバシコルトスタンの独立運動をはじめたのですか?　あなたがバシコルトスタンの独立運動をはじめた理由を教えてください。

ガッバソフ　私がバシコルトスタン独立のために戦うことを公言したのは、ロシアによるウクライナへの軍事侵攻が始まってからです。それ以前には、私も、バシキールの有名な国民や公人も、バシコルトスタンの独立を宣言したことはありませんでした。私たちが要求した最大のことは、連邦中央と共和国との間の真の連邦関係の回復でした。私たちは連邦国家の枠内でバシコルトスタン共和国の主権を取り戻すために戦っていました。私たちは自分たちの言語、権利、文化、伝統のために戦いました。すべての鉱物資源と天然資源がバシコルトスタンの住民のものとなるように、私たちは生態系のために戦っていたのです。

ロシアとウクライナの戦争が始まってから、私たちバシキール人は、近隣の独立国家の住民を殺害して奴隷にしようとするだけでなく、同時にこの戦争で私たちバシキール人をも殺害するこの帝国の中に、もはや留まることはできないと理解しました。

個人的には、戦前、私が共和国に住んでいた時、私はバシキール人の権利と利益のために戦っていました。私は自分自身を、言葉の最良の意味でバシキール民族主義者であると考えていましたし、いまでも考えています。当初、私は２０１１年からバシキールの全国組織「クク・ブレ」のメンバーであり、そこで副会長の職を務めていました。２０１４年、私は仲間たちとともにクク・ブレを離れ、「バシコルト」という組織を設立しました。私たちは一貫してバシキール人の権利と利益、言語、文化、伝統を擁護してきました。私たちはこれらの利益を守るために集会、ピケ、行進を組織しました。私たちは共和国政府をモスクワの意志を従順に実行するだけだと批判しましたが、同時に、クレムリン、プーチン大統領、反バシキール政策をとった統一ロシア党が民主主義と開放性を抑制していると批判しました。バシキール人向けのさまざまな文化イベントや若者向けのスポーツイベントを企画したりもしました。

石井　あなたをはじめ、ロシア連邦からの独立を訴えている諸民族は、「自由民族同盟（Free Nations League）」という組織としても活動しています。「自由民族同盟」とはどのような組織ですか？「ロシア後の自由な民族フォーラム」との違いは何でしょうか？

ガッバソフ　自由民族同盟は、ロシア連邦の人民と領土において真の主権獲得を提唱する民族運動、社会政治的および市民団体による広範な反帝国戦線です。2022年5月、さまざまな民族・地域運動の活動家によって設立されました。

「ロシア後の自由な民族フォーラム」は、定期的に各国の民族・地域運動の代表者、政治家、著名人が集まり、それぞれの民族共和国・地域の独立獲得の見通しやロシア崩壊の可能性について発言・議論する場です。一方、自由民族同盟は常設の組織です。

石井　あなたが代表を務めているバシキール国民政治センターとはどのような組織ですか？

ガッバソフ　バシキール国民政治センターは、私がロシアを離れ、リトアニアへの政治亡命を求めた後、志を同じくする人々と一緒に設立した組織です。

バシキール国民政治センターは、当初、ロシア連邦を新たな契約に基づいて再編成し、すべて同じ地位の共和国とし、首都をモスクワからロシア内陸部に移すというコンセプトを提唱していました。しかし、ロシアの対ウクライナ戦争が始まった後、私たちはこの構想を放棄し、バシコルトスタンの独立という考えを推進し始めました。

２０２３年3月、世界中のバシキール人がオンライン会議を開き、バシコルトスタンの独立のために戦うという考えへの支持を表明し、この目標を実現するために「海外バシキール民族運動委員会」を設立しました。私はこの委員会の議長に選出されました。それ以来、バシキール国民政治センターは一時的に停止し、代わりに海外バシキール民族運動委員会が活動しています。

石井　バシコルトスタンのロシア連邦からの独立運動は、あなたが始める前にはいつどのようなものがありましたか？

ガッバソフ　16世紀中頃、バシキール人は一定の権利に基づき、部分的にモスクワ国家に編入されました。バシキール人とモスクワの間の条約によると、私たちは毛皮で少額の税金を毎年支払い、南部の国境を警備し、モスクワのための戦争に参加する必要がありました。モスクワは逆に、バシキール人の土地を残し、バシキール人の自治権を尊重し、バシキール人の宗教であるイスラム教に触れないようにしなければなりませんでした。しかし、モスクワはあっという間に協定を忘れ、バシキール人の土地を取り上げ、要塞を建設し始めました。強制的なキリスト教化の試みも始まり、独自の法律を押し付け始めました。

バシキール人は戦争と反乱で対抗しました。その後、バシキール人はロシア帝国からの分離独立を求めて戦い始めました。それ以来、バシキール人は常に独立を求めて戦ってきました。１９１７年の革命とロシア帝国の崩壊後、バシキール人は独自の共和国と政府を樹立しました。

石井　あなたが日本や日本人に対して望むことは何ですか？

ガッバソフ　日本と日本国民に対する私の願いは、あなたたちが常に民主的で平和で人権を尊重する国家であり続けることです。

私は、日本国民が樺太と千島列島を取り戻すことを願っています。そして、日本の皆様には、主権を求めるウクライナの戦いを支援し、独立を目指すロシアの人々を支援することもお願いしたいと思います。


（インタビュー：2024年5月）


「海外バシキール民族運動委員会」のホームページには、自らの運動を次のように記している。

〝バシキール民族運動は、歴史的バシキリアの一部であるバシコルトスタン共和国（国家）の政治的および経済的権利と完全な独立を獲得することを目指しています。現在、この共和国はロシア連邦内の自治的な多民族国家です。

この運動の起源は、バシキール戦争、反乱、1773～1775年の内戦（著者注：プガチョフの乱）の時代にまで遡ります。当時、この地域の人々は帝国に対して自らの利益を守るために立ち上がりました。この運動の重要人物の1人は、バシキール人の国家の創始者であり、1917年に第一次バシキール共和国を創設し、現代のバシコルトスタンを創始したゼキ・ヴェリディです。彼の政治思想は、1917～1919年の内戦後のロシアの連邦化に重要な役割を果たしました〟

そして、ルスラン・ガッバソフはこう呼びかけている。

〝まず第一に理解してほしいことは、単一の「ロシア民族」などは存在しないことです。ロシア連邦は、多民族帝国であり、そこに存在するそれぞれの民族は、独自のアイデンティティー、言語、土地を持っています。私たちは、モスクワに占領されるはるか以前からここに住んでいました。西側諸国からの関心と支援は、不釣り合いなほど、いわゆる「リベラルなロシアの野党」に偏り過ぎています。西側諸国は、ロシアの崩壊を恐れるべきではありません。結局のところ、「帝国」が全体として維持されるならば、攻撃的で軍事的な政策は繰り返されるでしょう。だからこそ、我々全員にとって真の勝利となる唯一最良の方法は、ロシア連邦の完全な解体なのです〟

第5節　タタールスタン：500年間の支配から立ち上がる

インタビュー：世俗主義のイスラム教徒女性 アイーダ・アブドラフマノヴァ（独立タタールスタン亡命政府　副首相）

従来より、ロシア連邦の中で独立闘争の火の手があがるだろう地域として、真っ先に名前があがっていたのがタタールスタンである。スウェーデン在住のアイーダ・アブドラフマノヴァに話を聞いた。

石井　まず、あなたの経歴について教えてください。あなたはいつからタタールスタン独立運動に加わるようになったのですか？

アイーダ　ロシアに滞在するのは安全ではなかったので、私は2019年にロシアを離れました。私はスウェーデンで暮らしています。スウェーデンに政治亡命を求めましたが、スウェーデンはまだ亡命を認めておらず、私は「国外追放」の脅威にさらされています。

私はラフィス・カシャポフ率いる独立タタールスタン亡命政府の国家・宗教問題担当副首相であり、

「自由民族同盟」のメンバーであり、ロシアの脱植民地化とタタールスタンのモスクワからの脱占領の問題に関する「ロシア後の自由な民族フォーラム」の常任スピーカーです。私はカザン国立工科大学で経済学と企業経営の学位を取得し、高等経済教育を受けています。

ロシアと呼ばれる「ロシア帝国」に住んでいた私は、長年苦しんできた他のタタール人と同様、生涯を通じてロシア国家によって抑圧されてきました。私は生涯を通じて、タタール人でありイスラム教徒である権利のために戦ってきました。

幼少期から青年期にかけて、私のタタール人としてのアイデンティティーのための戦いは、まず第一に、私自身と家族の中でタタール人のアイデンティティーを維持することに反映されていました。第二に、さまざまな種類のタタール人民間伝承の制作や公演、競技会、その他のさまざまな共和国イベントへの参加を通じて、タタールの文化、伝統、歴史を普及させることでした。また、タタール語とタタール文学のオリンピックにも参加しました。したがって、私は生涯を通じて民族運動に携わってきたと言えます。

成長するにつれて、タタール人のアイデンティティーとタタール民族を維持するためには、もちろんこれだけでは十分ではないということを理解するようになりました。

タタール人がモスクワへの植民地依存から抜け出し、独立した民主的で世俗的なタタール国家を創設することだけが、私たちタタール人が民族として生き残ることを可能にするのです。


（インタビュー：2024年5月）

まだ政治亡命が認められていない不安定な身分であるとの話には驚かされた。アイーダは「ロシア後の自由な民族フォーラム」はもちろん、インターネット上でも大変熱心に発信を続けている。この状況でロシアに送り返されたら、当然命の保証はない。彼女の訴えは次のようなものだ。

500年の占領支配から独立へと立ち上がった（第4回「ロシア後の自由な民族フォーラム」スピーチより／2022年12月7日～11日）

私たちはタタール人です。私たちはタタールスタンで生まれ、暮らしてきました。ここは私たちの故郷であり、祖先の土地です。タタール人は470年間ロシアの占領下にありました。私自身、家族の3世代（母親たち、祖母たち、曽祖母たち）を知っています。占領下の生活は常に〝消滅〟でした。モスクワは常に私たちを強制的にキリスト教化し、ロシア化し、石油やガスなどの国家資源を現在も奪っています。そしてもちろん、モスクワがおこなったあらゆる帝国戦争（コーカサス、バルカン半島、グルジア、アゼルバイジャン、シリア、そして現在はウクライナ）のたびに、私たちから最も重要なもの、つまりタタール人の多くの命を奪っていきました。いま、何が起きているのか。モスクワ、ロシア帝国主義者たちは、独立、民主、自由なウクライナとウクライナ人民に対する犯罪的、テロリスト的、帝国的、大量虐殺戦争のためにタタール人を強制動員しています。ウクライナに栄光あれ！英雄たちに栄光あれ！

私たちは、テロリストであるロシア帝国に対抗するヴォルガのタタール人です。私たちはロシア帝国の奴隷であることにうんざりしており、奴隷になりたくもありません。私たちがまだタタールスタンに住んでいた頃、私たちは「Khater Kone」（タタール国家の喪失を想起する日）の集会など、様々な集会に出かけました。若者も大人世代もたくさんいました。そのような行動によって私たちの民族を維持し、場合によっては国を取り返すことさえ可能である、あるいはタタールスタン共和国憲法の履行、あるいは少なくとも私たちの権利の一部を維持することが可能であると信じていたのですから、私たちは愚かだったと思います。しかし、モスクワは単なるテロリスト政権ではなく、反人間的な抑圧政権です。そのような方法では自由を達成することはできないのです。（中略）

私たちの国民に対するこの大量虐殺を止める唯一の方法は、タタールスタンの独立と、このテロリストと犯罪帝国の崩壊です。私たちは、タタールスタンが西側諸国の考え方やＮＡＴＯの中で、独立した民主的自由国家であると見なしています。

私たちは、彼らが私たちを支援し、私たちの念願を支援してくれることを願っています。

私たちは、近い将来、ウクライナが我が国の独立を承認し、それによって国際的な前例を作り、本格的な独立タタールスタン亡命政府を樹立できることを望んでいます。また、私たちは文明世界全域において、私たちの独立の承認を求めていきます。私たちは、独立を目指すすべての民族と地域を支持し、その成功を祈ります！

中国こそ存亡の脅威（第６回「ロシア後の自由な民族フォーラム」スピーチより／２０２３年４月25日～27日）

最も危険な存亡の脅威は中国です。タタールスタンはモスクワから独立しつつありますが、中国の拡大は止まらないだけでなく、著しく増大すると理解しています。そしてタタール人は、西側諸国と一緒になるか、中国と一緒になるかの選択を迫られることになるでしょう。私たちタタールスタン独立政府は、タタールスタンを反中国プロジェクトとみなしています。

中国の国家イデオロギーは共産主義です。共産主義はソ連という形で70年以上も私たちタタール人の土地に存在しました。ソ連は私たちのサブカルチャーを破壊し、タタール人を顔のないソ連人に変えてしまいました。中国は同じ共産主義イデオロギーを説いていますが、はるかに攻撃的です。私たちタタール人にとって、中国は存亡の脅威です。なぜなら、中国は技術的、情報的、軍事的に非常に高度に発達しており、私たちタタール人にとってイデオロギー的に完全に敵対しているからです。

ほとんどが自分たちをイスラム教徒であると認識している私たちタタール人に何が起こるかの一例は、中国における私たちの同族ウイグル人の状況です。そしてこれは、すでに多くの国際組織によって立証されているように、国境を越えた抑圧であり、社会的利益を装った絶対的な全体主義イデオロギーであり、その内部統治モデルと大量虐殺的抑圧を輸出しているのです。

アメリカはすでに独立を承認している（第6回「ロシア後の自由な民族フォーラム」スピーチより／2023年4月25日～27日）

アメリカには、イデル・ウラルの領土に関するPL86―90（1959年）という法律が存在します。タタールスタンはイデル・ウラルの一部です。私たちは、独立闘争においてイデル・ウラル諸国の代表を団結させる「自由イデル・ウラル」というプラットフォームを創設しました。アメリカのこの法律で指定されているイデル・ウラルの領土の国々の多くは、すでに共産主義、帝国主義体制からの自由を受けています。そしていま、私たちがそのリストに載る番です。したがって、私たちは、独立のための戦いにおいてアメリカの支援を受けることができると信じています。

北方領土の返還を支持、日本よ中国の脅威に共に立ち向かおう（第7回「ロシア後の自由な民族フォーラム」スピーチより／2023年8月2日）

独立タタールスタン亡命政府は、「日本の北方領土」をロシア連邦が占領していると認めることを正式に宣言します。私たちは、「北方領土」に対する日本の主権を認めるという米国の決定と、この「北方領土」をロシア占領下の日本の領土と認めるという、ウクライナ最高議会の支持を受けたウクライナ大統領ボロディミル・ゼレンスキーの布告を承知しています。私たちは、米国とウクライナのこのような決定を歓迎し、国際社会が同様の措置をとるよう求めます。

私たちは、日本にとって中国からの戦略的脅威が存在し、また中国が独立タタールスタンの将来にとっても大きな存立上の脅威となることを理解しています。今日までに、イデル・ウラルの領土、特にタタールスタンにおける中国の経済的・政治的拡大は、巨大かつ脅威的な規模に達しています。したがって、日本と私たちの協力は、ロシアの非核化、非武装化、非帝国化、脱植民地化だけにとどまらず、将来的にも、中国の更なる経済的、軍事的、政治的強化が私たちの国の共通の存在と質的地位を脅かすことから、論理的に理にかなっています。

モスクワの「リベラル野党」を信じることは決してない（第9回「ロシア後の自由な民族フォーラム」スピーチより／2023年12月14日）

独立タタールスタン亡命政府は、モスクワによる捕虜国の代表として、主権国家ウクライナに対するロシアの犯罪的戦争を非難し、モスクワ・クレムリンのこの帝国主義的戦争に加担しないよう、タタール人民に対し、あらゆる方法で動員を避けるよう呼びかけます。私たちはまた、国際的に承認された1991年のウクライナの国境線の回復と、ウクライナへの賠償金の支払いを認めます。私たちは、戦後のタタールスタンについて、もし「モスクワの野党」の約束によってそれがいかに美しく合法的であったとしても、ロシア連邦の一部とは見なしません。タタールスタンは独立国家でなければならず、そのための法的枠組みをすべて備えているのだから、国際法の主体でなければならないのです。

1つ目は1990年8月30日のタタールスタン共和国主権宣言、2つ目は1992年3月21日、国際監視団とヘルシンキ委員会が記録したメディアの参加による正当な国民投票、3つ目は1992年11月30日のタタールスタン共和国新憲法で、タタールスタン共和国を主権国家と宣言しました。さらに、タタールスタンはロシア連邦の一部ではなく、ロシアとの連邦条約にも調印していません。私たちは、独立タタールスタンを自由で民主的で文明的な主体であり、国際法の参加者であると考えています。

ロシアの歴史の中で、自らをロシアの民主勢力と位置づけるさまざまな政治家が、「民主的」と称する国家を建設しようとして繰り返し西側諸国からの支援を受けてきました。20世紀初頭のレーニン、20世紀末のエリツィン、21世紀初頭のプーチンを例にとってみてください。しかし、この問題はいまだに解決していません。時間が経ってみれば、21世紀において、世界中に対し核兵器の使用による標的を絞った脅迫とともに、何百万もの罪のない犠牲者、非ロシア人の強制追放、人々の飢餓、非ロシア人の強制同化とロシア化、市民の恐怖、国民の欺瞞、モスクワによる進行中の帝国主義戦争が残っているだけです。

しかしそれでもなお、モスクワの「リベラル野党」の代表者たちは、自由で合法的なロシア連邦について議論し、夢を見続け、それが可能であるという意見を国際的な政治的主観に押しつけようとしています。その一方で、ロシアに捕らわれている非ロシア民族と民族共和国の意見は考慮に入れていません。私たちはいかなる状況下においても、モスクワ中心勢力の偽りの約束を決して信じず、ロシアが連邦として存在し続けることを、これまでもそしてこれからも自発的に支持することは決してありません。

今日まで、モスクワの野党は誰一人として、イデル＝ウラル、シベリア、コーカサスの植民地化された人々が今後独立すべきであるという事実を認めたがらず、統一された不可分のロシアという帝国主義の物語を継続しています。このような広大な領土と、異なる伝統、言語、宗教、アイデンティティーを持つ多民族の人々は、統治するのではなく、支配し征服するだけの全体主義なしには維持できない、と誰もが長い間考えてきました。全体主義は西欧の価値観、民主主義、人権の基礎なのでしょうか？　そうではないはずです。

国際政治家に対する私たちの訴えとインスピレーションは、民族共和国の代表として私たちを無視しないことです。ロシアの素顔が全世界に明らかになり、ユーラシア全土とヨーロッパの安全な存続が問われているいま、私たちは努力を結集し、すべての人のための軍事的安全を確保することを提案します。

私たちは、国連、欧州評議会、そして各国の議会で発言し、意見を聞いてもらいたいと考えています。民族の自決と私たちの共和国による独立の獲得は、私たちの民族、私たちのアイデンティティー、ポスト・ロシア空間の包摂性を維持し、民主的な法的社会で市民のまともな生活を確保するための最後のチャンスです。ロシアは西側の価値観を裏切り、全体主義と独裁主義に向かったのです。（中略）

私たちは国際的な政治家たちに、モスクワの仲介なしに、ロシアの捕虜国（捕われた国々）である私たちを個人的に知るよう呼びかけます。そうすれば、あなた方と私たちには、相違点よりも共通点の方がはるかに多いことがわかるでしょう。

この歴史的な瞬間に、多くの独立した民主主義国家が存在するポスト・ロシア空間を共同でデザインするという私たちの提案に、ぜひとも応えていただきたいと思います。

世俗主義のムスリムとして

中国が脅威であるとの話やその折にウイグル人弾圧の事例を出していることは非常に興味深い。また、「モスクワの野党」がどんなに「リベラル」を装っても決して信じないとの強い姿勢は、他の民族からも多く聞かれた声で、ここは西側の国々との間で最も意識が乖離している部分だと思われる。

続いて、アイーダへの著者のインタビューをもう少し紹介したい。

石井　イスラム国について聞きます。3月にモスクワでイスラム国による大規模なテロがありました。日本には「敵の敵は味方」という慣用句があります。それについてどう思いますか？

失礼かもしれませんが、重要なことなのであえて聞きます。欧米はイスラム国に限らず、すべてのイスラム過激派を警戒しています。あなた方タタール人もイスラム教徒です。イスラム過激派とあなた方の運動の違いをどのように示すつもりですか？

アイーダ　あなたがテロ組織「イスラム国」について挙げた、「敵の敵は味方」という諺は、私たちにはふさわしくありません。なぜなら、モスクワでのテロ攻撃の犯行声明を出したとされるこのテロ組織「イスラム国」は、モスクワ・クレムリンや、核兵器で全世界を脅しモスクワ・クレムリンに居座る国際テロリストとは戦争状態にないからです。民間人に対する彼らの不当な攻撃は、いかなる形であっても容認できません。したがって、これらの人々とイデオロギーは、私たちの同盟者になることはできません。

この「敵の敵は味方」という諺は私たちにとって、ロシアと直接戦っている国、例えばウクライナや、特定の問題でロシアと激しく争っている国々、例えば日本（私は、ロシアが返還を望んでいない北方領土を念頭に置いています）、また、ロシアが公然と核兵器や武力攻撃で脅している国々、例えばバルト諸国やヨーロッパ諸国全般、そしてモスクワ・クレムリンの政治的圧力下にあり、モスクワ自身が依存し続けている中央アジア諸国などにふさわしいでしょう。これらは私たちの真の同盟国の例です。真の独立を獲得し、近隣諸国や文明世界全体と政治的、経済的、文化的に良好な関係を築こうと努力しているロシアの非ロシア系諸民族の民族解放運動に対して、これらの国々がより寛容であることを私は望んでいます。私たちには助けが必要です。

タタールスタンは、異なる民族、宗教、様々な社会集団の代表者が暮らす多民族国家です。タタールスタン共和国の人口の50％はタタール人で、39％はロシア人です。タタール人の大半はイスラム教徒ですが、修行をしているわけではなく、民族的なものです。また、正教徒（洗礼を受けている）、ユダヤ教徒、テングリズムを信奉するタタール人もいます。

すでに現在、私たちはウクライナや西側の政治家、専門家、アナリストと協力しています。私たちの仲間は皆、私たちの亡命政府とその指導者たちが文明世界と完全に関連していることを知っています。私たちは、将来の自由タタールスタンが、国民のあらゆる集団の権利を保護・支持し、包摂的な社会を構築する民主的で世俗的な国家であり、技術的に先進的で工業化され、革新的で環境的に持続可能な国家であると見なしています。私たちは、すべてのインタビューやビデオ放送で、このことを率直に語っています。また、モスクワから解放されたタタールスタンの将来の政治構造に関する独立タタールスタン亡命政府のビジョンに関する情報は、間もなく私たちのウェブサイトで公開される予定です。

私たちの独立タタールスタン亡命政府の原則、思想、目標は、テロ組織「イスラム国」の公に宣言されたイデオロギーとは完全に異なり、相容れません。

タタール人の未来は、民主的な政府形態を持つ自由で独立したタタールスタンにのみあります。私たちは、ウクライナ、モスクワが植民地化した他の民族や地域、そして自由で民主的で文明化された開かれた世界の国々とともに、この結果を目指して努力しなければなりません。

石井　あなたがたは「自由イデル・ウラル（Free Idel-Ural）」という組織も作っていると聞きました。これについて教えてください。

アイーダ　「自由イデル・ウラル」は、自由を愛するイデル・ウラルの諸民族（エルジア人、モクシャン人、チュヴァシ人、マリ人、タタール人、ウドムルト人、バシキール人）の代表者の組織です。「自由イデル・ウラル」運動は、１９９０年８月30日のタタールスタン共和国国家主権宣言および１９９２年３月21日のタタールスタン共和国の地位に関する国民投票の結果、１９９０年９月20日のウドムルト国家主権宣言、１９９０年11月10日のバシコルトスタン国家主権宣言、１９９０年10月22日のマリエル共和国国家主権宣言、１９９０年10月24日のチュヴァシア国家主権宣言、１９９０年12月７日のモルドヴィア国家主権宣言、によって確認されたイデル・ウラル共和国の先住民族の主権的意思を表明し、積極的に推進するものです。

「自由イデル・ウラル」運動は、２０１８年にタタール人とエルジア人、より正確にはラフィス・カシャポフとアレクサンドル・ボルキン（シレズ・ボリャエン）によって組織されました。

（インタビュー：２０２４年５月）

アイーダは、東京での第７回フォーラムのスピーチにおいて、アヤズ・イスハキーとアブデュルレシト・イブラヒムの２人の名前をあげ、「日本はその歴史上、当時の政治的抑圧から逃れてきたタタール民族運動の著名な政治家を受け入れてきた」と感謝の言葉を述べている。２人とも、ロシア帝国さらにソ連からの独立運動をおこなったタタール人の指導者たちだ。かつての日本人が援助していたことを、彼らの側は忘れていないということを書き記しておきたいと思う。

第6節　サハ（ヤクート）：氷点下の大地を侵す天然資源搾取と自然破壊

インタビュー：ロシアのパスポートを〝炎上〟させた男 ニキータ・アンドレーエフ（サハ独立委員会　議長）

想像して欲しい、冬の最も寒い時には氷点下70～80度にもなるという極寒の地であるサハ（ヤクート）から、常夏の島ハワイに移住したとしたら、どうか。しかも、プーチン支配下のロシアから、自由の国アメリカへの移住である。ニキータが「ここは天国だ」と言っているのも、決して大袈裟な話ではないだろう。

ニキータ・アンドレーエフ（アメリカ・ハワイ在住）はロシア連邦サハ共和国を中心に暮らしているサハ民族の独立運動を率いている男だ。

まず、ニキータへのインタビューから読んでほしい。

ロシアのパスポートを焼き捨てて〝炎上〟

石井　あなたがサハからアメリカのハワイに来たのはいつごろですか？　その理由は何ですか？

ニキータ　私は大学の学位取得のため、２００５年に生まれ故郷であるサハ（ヤクート）からモスクワに引っ越しました。モスクワは美しい街ですし、素敵な建築物、美術館があり、非常に発展した住みやすい街です。

しかし、外国人排斥、排外主義、人種差別といったモスクワの醜い側面にも出会いました。それは首都だけではなく、他のほとんどの都市でも同様でした。私は自分の国がいかに他国民に対する攻撃性に満ちているかにショックを受けました。私は自分の子供を育てるのに、この国が正しいのかどうか確信が持てませんでした。しかし、当時はそれ以上のことはわかりませんでしたし、それが私にとって普通のことだったのですが、心のどこかでそれは正しくないことを常に知っていました。他の人たちが権力や偉大さを目にする一方で、私は腐敗や不正を目にしました。

２０１０年にアメリカに来て、初めて、言論の自由、思想の自由がある西側の世界を見ました。社会制度が障害者のためにどのように機能しているのかを見ました。ホームレスの人々への支援や高齢者のケアなども見ました。様々な人々が平和に暮らしているのを目の当たりにして、ハワイは私が初めて安全だと感じた場所です。

石井　あなたがサハの独立運動をされているのは知っていますが、サハは「国家」として独立していたことはあるのでしょうか?

ニキータ　１９９１年のほんの少しの時間だけです。しかしその後、１９９８年、２００８年と、モスクワは私たちの憲法を奪い、法廷を奪い、そしてすべてを奪いました。多くの人が独立に向けて活動していましたが、当時の彼らは政治的な見通しや国際的なつながりを持っていなかったように思います。

石井　サハとはどういうところなのか教えてください。

ニキータ　私たちには様々な部族があり、さまざまなウルス（国）があります。様々な部族がすべて陸路でつながりを持っています。部族ごとに異なる首長がいました。私たちには文化があり、書物があるのです。私たちは、人々がどのようにして鉄を作るのか、鍛冶のやり方を知ったかについて書いた文書もありました。私たちは、サハの南に位置するモンゴル人と大きなつながりがあると思います。

そして私たちの言語は様々な言語も取り込みました。トルコ・カザフスタン・キルギスに近いです。私たちの歴史によれば、私たちの先祖は１０００年前にいまの土地にやって来ました。また、エヴェンキなどのシベリアの先住民族とのつながりも多くあります。

いまでは純粋なサハ民族の血は絶えていると思います。私自身がＤＮＡ検査をしました。私の血液検査によると、46％がモンゴル人、34％が中央アジア、16％がエヴェンキやツングースのようなシベリア先住民、４％がフィンランド人でした。

私たちの部族の歴史とはまさにそのようなものでした。５人のモンゴル人、４人が中央アジアやカザフ草原から、そしてローカルな1人です。

石井　あなたがあなたのロシアパスポートを焼いたのはいつですか？

ニキータ　ロシア・ウクライナ戦争が始まって3日後にパスポートを焼却しました。妻に「焼却する」と言うと、妻は「数日考えてから決断しなさい」と言いましたが、私の頭の中では「焼却する」という思いでいっぱいでした。ハワイでロシアの侵略に抗議する集会が公園で開かれていて、私はその集会でロシアのパスポートを焼きました。

石井　あなたがロシアのパスポートを焼いたのは、ロシアがウクライナを侵略したことに対する抗議の意味があることは、もちろん私もわかります。それで、その時あなたがどういう気持ちで、どのようなことをあらわそうとしていたのかを、もう少しくわしく聞かせてください。

ニキータ　戦争が始まった時、私は打ちのめされました。親戚がウクライナとロシアの両方に住んでいます。最初はロシアが簡単にウクライナを占領するだろうと思っていました。クレムリンのプロパガンダのせいで、多くのサハ人がロシアを支持することはわかっていましたが、反戦の声はすべてFSB（ロシア連邦保安庁）や警察によって封じられました。それで、ハワイという安全なこの場所に住んでいる私は、他の意見もあることを示さなければならないと思ったのです。戦争に反対し、プーチンに反対するサハ人がいることを。

石井　あなたはロシアのパスポートを焼いた動画をインスタグラムに投稿したということですが、どのような反応がありましたか？

ニキータ　私は公人ではないので、インスタグラム上のすべての動画の再生回数は2、000回ほどでした。有名人でもありませんでしたし、特に目立ったアカウントでもなかったのです。ところが、この動画は1日で65、000回の再生回数を記録しました。これはサハ語を話す人々にとっては大変なことです。500以上のコメントもついていました。コメントのほとんど、8割は否定的なもので、ほとんどが侮辱でしたが、どれも私には引っかかりませんでした。ただ1つだけ、「あなたはサハ人ではない」というコメントがあり、それが私を目覚めさせました。そこから私はサハ人としてサハの訴えをする活動を始めたのです。

（インタビュー：2023年8月）

ニキータ・アンドレーエフの訴え

以下、ニキータ・アンドレーエフの訴えである。

私の民族は約400年前に「ロシア世界」に出会いました。彼らは火薬、銃、大砲を持ってやって来て、従わない者は皆殺しにし、私たちの宗教を強制的に変え、名前を変え、私たちに重税を支払わせた。400年間、我が民族はロシアに占領されており、モスクワとの関係の歴史は痛みと血に満ちており、誰もが忘れたがっている我が民族の歴史の暗いページです。

私の共和国は世界で人が住んでいる場所としては最も寒い場所で、気温はマイナス70度まで下がることもあります。広大な領土にもかかわらず人口は少ないですが、さまざまな種類の先住民がたくさんいます。

モスクワは、当初は毛皮で税金を取っていましたが、現在では天然資源（ガス、石油、金、ダイヤモンドなど）で税金を取っています。その業界で働く企業のほとんどはプーチン大統領とその側近と親しい友人です。天然資源の搾取は、長期的な結果を考慮することなく、最も略奪的な方法でおこなわれます。北方の自然は非常に傷つきやすく、回復するには長い時間がかかります。彼らが地下に穴を掘ると永久凍土が溶け、その地域全体が湿地になり、農業や住宅として使用できなくなりました。しかし、最大の問題は、私たちがそれらを制御できないこと、自然保護省が腐敗していることです。

私たち地元住民は、先祖代々の土地に対して何の力も持っていません。モスクワは、地方政府の中に彼らの操り人形を入れ、FSB（ロシア連邦保安庁）を通してコントロールしているのです。

サハ（ヤクート）での生活は楽ではありません。冬は氷点下80度まで下がります。私たちは生存するだけでもすでに困難なのに、ロシアとの共存はその何百倍も難しいです。汚職、壊れたインフラ、すべての資金はモスクワを経由しています。サハ共和国の政府はクレムリンの操り人形で、FSBはクレムリンに忠実な政治家だけがサハ共和国の政権を担当できるようにしています。私たちは声を上げることができず、議会での真の代表権もありません。国民は力を持っていないのです。

モスクワは私たちの資源をすべて使い果たし、後には荒廃した土地と汚染された川が残されているだけです。夏は3ヵ月だけですが、防火工事にお金がないため毎年大規模な山火事が発生します。2021年、私たちは山火事と一酸化炭素汚染の世界記録を樹立しましたが、モスクワは私たちを助けてくれませんでした。地元住民は問題を抱えたまま放置され、女性や子供を含むコミュニティ全体が家を守るための特別な装備を持たずに山火事と戦っていました。なぜ彼らは命を危険にさらすのでしょうか？　私たちは政府を信頼していないからです。

しかしこれらすべてにもかかわらず、私たちは生き残り、ソビエト政権の抑圧を含めロシア帝国の下で、私たちの文化、民間伝承、言語を守ってきました。1991年、私たちは自由になりたかったのですが、モスクワは私たちに嘘をつき、「民主主義連邦」について虚偽の約束をしました。そしていま、何千人もの民間人がウクライナでの犯罪戦争で戦うことを強いられています。それが全てです。クレムリンの嘘はもうたくさんです。私たちは別々の道を進みます。

1991年にソ連が崩壊し、世界がより安全になったと全世界が感じた時、ロシアは再び国旗を変え、民主的自由国の役割を果たすように見えました。しかし長くは続かず、いまではその真の姿を現しつつあります。新たな拡大戦争が起こるのも時間の問題です。ロシアが無能で、貧しい人々を腐敗させていたので、彼らがウクライナに留まり、それ以上進めていないのは私たち全員にとって不幸中の幸いでした。

ウクライナでいま起こっていることは、ロシアが依然として敵対的であることを直接的に証明しています。

私たちは皆、2度のチェチェン戦争を覚えています。多くの民間人が犠牲になったクレムリンのテロ行為です。なぜ西側諸国がその脅威に気づかず、重い制裁の代わりにロシアに安い融資と新技術を与えたのか私には理解できませんでした。そしていま、全世界が目覚め、問題を明確に認識していることをうれしく思っているところです。

日本の皆さんに聞きたいのですが、あなたの隣にどのような人がいてほしいですか？　核兵器を備えた大きな強力な敵対的で攻撃的な帝国ですか？　それとも、規模は小さいが、資源が豊富で非常に交渉しやすい隣人ですか？　それは簡単な決断だと思います。

ロシア崩壊後は内戦、混乱が起こり、軍閥が核を持ち、中国が強くなる、と私たちを脅す人々については言葉がありません。彼らは私たちにどうやって生き残るのかと尋ねますが、ウィキペディアのページを調べてみると、彼らの出生地がモスクワやサンクトペテルブルクであることがわかります。いままでは人々は私たちに「良いロシア」を売りつけ、ひどいことを約束しようとしています。しかし、ロシアの問題はプーチン政権ではなく、プーチンやスターリンやイワン雷帝のような人々を常に生み出すシステムなのです。そして、プーチン政権ではなくシステムの問題であるのであれば、誰がクレムリンに入るのかは問題ではありません。

私たちの民族は親切で勤勉な人々であり、母なる自然を尊重しており、民主主義世界の一員となる準備ができています。私たちは世界経済の一部になる準備ができています。私たちは、1917年と1991年の時のように、モスクワの圧制から再び自由になることを望んでいますが、西側諸国の支援なしではそれは非常に難しいでしょう。

この邪悪な帝国（ロシア連邦）に立ち向かうすべての人々に感謝します。ウクライナの兵士と民間人に多大な感謝を申し上げます。皆さんは素晴らしいです。また、今後の支援に感謝したいと思います。そして、私の同志たちに感謝を伝えたいと思います。あなたたちはとても明るくて勇敢です。それはこの暗い日々の中で私に力を与えてくれます。

第7節　クリミア・タタール：ウクライナの旗の下で

インタビュー：スレイマン・マムトフ（「先住民問題に関する国連常設フォーラム」2022年　ウクライナ代表）

インタビュー：アキム・ハリモフ（1+1media　プロデューサー）

正直に告白すると、2014年にロシアがクリミアで「武装集団」による軍事作戦を展開し、「住民投票」によってロシア連邦への併合をおこなった時、ロシアによる併合が国際法を無視した許されないものだとは思ったものの、クリミアは圧倒的にロシア系住民によって占められており、そもそもフルシチョフ時代にウクライナに編入されたことが間違いだったのだという議論については、確かに一理あると迂闊にも著者も思っていた。クリミア戦争（１８５３年〜１８５６年）のセヴァストポリ要塞のイメージが強くあり、クリミアは昔からロシアだったと疑うことなく思ってしまっていたのだ。そうであるから、軍事行動と「住民投票」の強行には問題はあるものの、「住民投票」の結果が圧倒的にロシア連邦への併合を支持したことについては、さもありなんと感じていた。

そのような著者にとって、クリミア・タタール人の存在を知った衝撃は非常に大きなものがあった。そもそもクリミア半島がロシア系住民によって多数派が占められている現状こそ、侵略と虐殺の歴史によるものに他ならなかったのだ。

クリミア半島の歴史を振り返ってみると、やはりここでもモンゴル帝国に行きつくことになる。古代より様々な部族が生活していたクリミア半島にも、モンゴル帝国の支配が及んでいた。チンギス・ハンの長男ジョチの息子バトゥによる東ヨーロッパへの大遠征だ。中央アジアから北コーカサスへと続き、キエフ大公国を滅ぼし、ハンガリー、ポーランドにまで至る広大な領域へと支配を広げていくことになる。以前はキプチャク・ハン国または金張汗国と日本では呼ばれていたジョチ・ウルスである。この過程の中でクリミア半島もジョチ・ウルスの領域に入ることとなった。13世紀前半のことだ。

その後ジョチ・ウルスが分裂していくなかで、15世紀にはクリミア半島にいたタタール人たちがクリミア・ハン国を建国する。クリミア・タタール人とはチュルク系の民族だ。この時期の勢力図を眺めてみると、クリミア・ハン国の他にモスクワ大公国とリトアニア大公国があり、そして現在のウクライナにはコサックと呼ばれる集団が興っていて、それぞれに様々な戦いを繰り広げていたことがわかる。クリミア・ハン国は18世紀終わり頃にロシア帝国に併合されるまで３００年間にわたってこの地にあり続けた。

ソ連の成立以後、多くのロシア人がクリミア半島にも移住してくることになる。そして、クリミア・タタール人を襲った民族最大の悲劇は、第二次世界大戦時、スターリンによってもたらされる。スターリンは何とクリミア半島に居住していたクリミア・タタール人を、民族丸ごと、現在のウズベキスタンとシベリアに強制移住させたのだ。この強制移住によって、クリミア・タタール人の約半数が亡くなったという。1990年代、クリミア半島への帰還が徐々に進み、2014年のロシア連邦によるクリミア併合の段階では、クリミアの人口の約1割を占めるほどにまではなっていたとのことだ。

こうして歴史を大きく眺めると、クリミア半島はロシア系住民が多数派を占めており、ロシア連邦に帰属すべきだという論がいかに暴論かが見えてくる。先住民族であったクリミア・タタール人を民族丸ごと追放して、強制移住させて虐殺し、その地を乗っ取って多数派を形成しているに過ぎないのだ。「2014年」だけを見ていては、見えないものがたくさんある。

では、クリミア・タタール人はいま何を考えているのか。2人のクリミア・タタール人へのインタビューを紹介したい。なお、2人とも「ロシア後の自由な民族フォーラム」のメンバーではないし、民族運動のリーダーというわけでもない。民族運動を代表する立場でインタビューに答えてもらったわけではなく、ウクライナにおいて活躍している著名なクリミア・タタール人の1人としての個人的見解を聞いた、ということはあらかじめ断っておきたい。本章の1節から6節までのリーダーたちとは立場が異なっている。

まずは、スレイマン・マムトフ（ウクライナ・キーウ在住）へのインタビューを紹介したい。スレイマンは、2022年「先住民問題に関する国連常設フォーラム」のウクライナ代表を務めた経歴を持つ国際法の専門家だ。

石井　まずあなたの経歴から簡単に教えてください。

スレイマン　私はウズベキスタンのタシケントで生まれました。クリミア・タタール人で私と同年代の人たちの大多数は、ほとんどがウズベキスタンで生まれたと思います。

1944年、クリミア・タタール人はソビエト政権によって中央アジアとシベリアに強制送還され、大部分はウズベキスタンでしたが、コーカサスの一部からはカザフスタンやその他の地域に移されました。これは私たちの民族の歴史の中で極めて重要な瞬間だったと思います。

そして、私が2歳か2歳半の時に、私の家族は祖国に戻りました。それは私たちの民族の歴史の中で、もう1つの非常に重要な、決定的な瞬間でした。約40年間の戦いの後、これが実現したのです。

私はクリミアで高校を卒業し、キーウの大学に入学して国際法を勉強しました。現在、私は国際法の専門家の1人です。私は国際機関や国際NGOで主に国際人道法の分野で経験がありますが、復興などの他の分野でも経験があり、現在は経済省の独立した専門家として、地雷除去の分野で政策を策定しています。それと並行してクリミア・タタール人に関連する活動も常に追求していました。

私たちクリミア・タタール人は自らを先住民族とみなしており、その際、私たちは常に、関連する国際法、普遍法、先住民族の権利に関する国連宣言を参照します。私たちは、先住民族の自己決定権の範囲内での自治権として、より大きな集団的権利を要求します。

石井　クリミアはいまどのような状況にあるのでしょうか？
スレイマン　２０１４年の占領以来、ロシアが私たちにおこなった組織的な抑圧措置により、多くのことがより複雑になっています。なぜクリミア・タタール人が抑圧されているのか。なぜなら、私たちはロシアによる占領に反対し、クリミア半島で最も統一された声、最も団結した勢力と見なされていたからです。私たちは依然として自主代表機関のシステムを持っているため、最も組織的な声を上げていました。
私たちにはクリルタイという、民族全体によって選出された自主代表機関のシステムがあります。わが民族の国会であるクリルタイの最近の選挙についてはさまざまな推定がありますが、クリミア・タタール人の50〜56％が選挙に参加しました。また、この議会にはメジュリスという最高執行機関もあります。
クリルタイとメジュリスは、非常に一致団結して、ロシア連邦による占領に対する不満を表明しました。ロシアにとって、それは慣れていないことだったと思います。なぜなら、２０１４年という当時、ロシアは、ロシア国内における国民の、または少数民族の、または少数派の運動の、ほぼすべてを沈黙させることに成功していたからです。だから、メジュリスとクリルタイの存在は、ロシアにとってとても大きなものだったと思います。
ロシアはメジュリスを禁止するまでに至り、国民議会クリルタイの正常な機能を妨げました。この一連の抑圧が、クリミア全体に影響を及ぼす結果となったのです。
石井　クリミア・タタール人は、どこにどれくらいの人数が住んでいるのですか？

スレイマン　様々な推定によれば、クリミア・タタール人はまだ10万人ほど中央アジアにいます。問題は、それが非自発的なものだったということです。これは非常に重要です。１９４４年、それは非自発的な強制送還だったのです。

私たちはこれをジェノサイド（大量虐殺）とみなし、ウクライナ、ラトビア、カナダの議会がこれを認めました。何も持たずに取り残された時の状況を知っているからです。ひどいもので、不適切な状況のせいで多くの人が亡くなりました。

そして１９９０年代には、約26万人がクリミアに戻りました。２００１年のウクライナの国勢調査では、約24万人でした。２０２２年のロシアによる全面的な侵略の後、クリミアからの何度か大きな移住の波があり、その大多数はクリミア・タタール人でした。現在、私たちのディアスポラはヨーロッパ、カナダ、米国で大幅に増加しています。

ですから、残念ながら、クリミアにどれだけクリミア・タタール人が残っているのか、正確な数字はわかりません。

石井　クリミア・タタール人は民族の将来をどのように描いているのでしょうか?　いまはロシア連邦に占領されています。ロシア連邦から独立して民族国家を建設したいのでしょうか。

スレイマン　非常に複雑な人口構成のため、社会的な意見のスペクトルを測るのは本当に難しいです。しかし、クリミア・タタール人の大多数は、ウクライナ国家の中で、先住民族としてクリミアで自治権を持つという未来を作りたいという願望を持っていると思います。

先住民族として過去、現在、未来を管理し、政治を管理し、政治制度や経済制度を維持し、自分たちに関係する問題に関して内部で自己決定することができます。文化、メディア、言語、これらすべての集団的権利は、私たちにとって本当に重要なものです。

私たちは自分たちをウクライナの一部だと考えています。それは歴史に刻まれたことです。クリミア半島のみの国家は存在したことがありません。クリミアは決して島として運営することはできない。クリミアは常にウクライナとつながっていました。島ではありません。常につながっていたのです（著者注：確かにクリミア・ハン国とは、クリミア半島のみではなく、現在のウクライナとロシアにまたがって、黒海の北側沿岸をぐるりと囲む形での領域を持つ国家だった）。

今日、私はクリミアがいかなる種類の独立も実現可能であるとは考えていません。私たちはロシアによる占領後にこれを目にしました。経済的には、水の供給、エネルギーの供給など、クリミアは常に本土、つまりウクライナに非常に依存していました。

石井　ウクライナ政府はクリミア・タタール人に先住民族としての権利、自治をどこまで認めるのでしょうか？　ロシアとの戦争、例え戦争が終わった後でもロシアという大きな脅威が残るである う中で、クリミアの自治とはどのようなものになるのでしょうか？

スレイマン　ウクライナ社会の一部は、何人かはわかりませんが、ウクライナにおける先住民族の自治を認めることに反対しています。しかし、私はいまでも自由にこれを推進し、これについて自分の意見を公然と表明することができると感じています。これが私たちの全体的な目標です。世界の他の人々と同じように、自己決定権を獲得することです。

ウクライナ領土の一体性を損なうことなく、先住民族の権利とすべての国際法の範囲内でです。一部の政治家がこれに反対していることは知っていますが、私はまだ自由であり、ウクライナ社会でこれを共有できると感じています。

重要なことは、政治レベルで対話が続いていることだと思います。ウクライナ人とクリミア・タタール人の間で意見が対立するような問題があっても、オープンな対話があり、お互いの意見を聞くことができます。私は自治のアイデアについて常にオープンでした。

石井　ちょっと意地悪な質問かもしれませんが、あえて聞きます。クリミア・タタール人国家の独立ではなく、ウクライナの下での先住民族の権利と自治を訴えているということであるならば、ロシア連邦の下での自治ということでも良いのですか？　先住民族としての権利を認めてもらえるなら、ロシア連邦の下でも構わないのですか？

スレイマン　これはとても興味深い質問です。何人かのクリミア人もそのことについて考え、私に尋ねてきました。去年だったと思います。「2014年の時に、もしロシアに対してもっと友好的に振る舞っていたら、ロシアは自治をくれたのではないか」と。

しかし、ロシアには多くの「自治共和国」が存在しますが、実際にはそこには何もないことは知られています。それらは死んでしまった操り人形のようなものです。ロシア連邦の下では、自治や権利などはあり得ないのです。

2014年、ロシアはクリミア・タタール人の指導者たち、特に著名な反体制派・政治的人権活動家であり、我々の指導者であるムスタファ・ジェミーレフと何らかの関係を築こうとしました。ウラジーミル・プーチンがムスタファ・ジェミーレフに電話し、何らかの合意に達しようとしました。なぜなら、占領に関する我々の合意を得ることは、プーチンにとって本当に重要だったからです。万が一、私たちがそれを受け入れていたとしても、クリミアはまだどこにも進まず、私たちはさらに多くのものを失っていたでしょう。少なくとも、ここで私たちは尊厳を保つことができたのです。

（インタビュー：２０２４年2月）

次にアキム・ハリモフ（ウクライナ・キーウ在住）へのインタビューを紹介したい。ハリモフはテレビプロデューサーだ。

ハリモフ　１９９１年まで、クリミアは普通の州としてソビエト・ウクライナの一部でした。ウクライナが独立した時、クリミアは独立したウクライナ内の自治共和国の地位を与えられました。当時、クリミア・タタール人という問題はありませんでした。むしろ、クリミアには黒海艦隊が駐留しており、多くの軍事基地があったため、この領土には特別な地位が必要だったのです。また、ロシアはクリミアの分離主義運動を支援しており、キーウは自治共和国の地位を認めざるを得ませんでした。私の主観では、これは間違いでした。その後、クリミアはウクライナとの一体化を深めていきましたが、これがそもそもロシアを苛立たせました。その結果、「尊厳の革命（２０１４年）」後、ウクライナが最終的に西側のベクトルを選んだことが明白になると、ロシアは半島を占領したのです。

さて、クリミア・タタールの自治権です。これはまったく別の問題です。現在、多くの政治家が解放後のクリミアの将来をどうするかについて議論しており、特にクリミア・タタール人の民族自治をそこに作るというアイデアがあります。これについてはさまざまな見解がありますが、これをすべきでないと言う人たちは、クリミア・タタール人が将来クリミアにウクライナから独立した国を作りたがっているのではないかと恐れていることを理解しなければなりません。これは絶対に違います。クリミアにクリミア・タタール人の文化、言語、民族的伝統を守るためのあらゆる条件を整えることが第一なのです。これが私の言う民族自治です。

同時に、これらはあくまでも未来についての考えであり、国家の政策などとしての正式な地位を持つものではないことも理解しておかなければなりません。

石井　2014年以降、ロシアの占領下でクリミア・タタール人に対するどのような抑圧がおこなわれてきたのでしょうか?

ハリモフ　これは私にとって非常に困難で辛い問題です。私たちの人権団体によると、クリミア占領の過去6年間に9、000件以上の人権侵害が記録されています。もちろん、そのほとんどはクリミア・タタール人に関するものです。

クリミアでは、違法な家宅捜索、逮捕、クリミア・タタール人が適切な法的支援を受けられず、最終的にはロシアに移送される違法な裁判が定期的におこなわれています。

親ウクライナの立場から違法な有罪判決を受けたクリミア・タタール人活動家、ノリマン・ジヘラルについてはよく知られていますが、彼は現在ロシアの刑務所にいます。

ロシアはクリミア・タタール人からすべての権利を事実上剥奪し、ロシア政府を受け入れない人々として、ロシアの特殊部隊から常に圧力を受けることを強いられています。ひどい話です。私は歴史ドキュメンタリーを制作していますが、このような絶え間ない抑圧のプロセスは、ロシアが最初にクリミアに侵攻した18世紀から続いていることを伝えたい。20世紀には、スターリンとクレムリン政権はジェノサイド行為をおこない、民族全体を祖国からアジアに追放しました。

石井　クリミア・タタール人の民族としての将来像はどのようなものですか？

ハリモフ　ビジョンは1つしかありません。そして、私たちの選択肢は1つだけです。この戦争に勝利し、ウクライナの旗の下、クリミアに自由で民主的な社会を築くことです

石井　ウクライナがロシアからクリミアを取り戻し、ウクライナで固有の民族としての権利が認められることが、将来の目標ですか？

ハリモフ　すでに認められています。２０２１年、ウクライナ議会は先住民族の地位に関する法律を可決しました。この法律によれば、国家はクリミア・タタール人のような民族、その言語や文化も保護し、支援しなければなりません。

石井　１９９１年6月30日、メジュリスはクリミア・タタール人に対する主権を宣言し、クリミア・タタール人の国歌と国旗を採択しました。これについてどう思いますか？

ハリモフ　ソビエト帝国のひどい圧力の下に半世紀も放置された後、自分たちの権利を主張する可能性が出てきたのは素晴らしいことだと思います。しかし、メジュリスとは何かを正しく理解しなければなりません。彼らはクリミア・タタール人の調整役なのです。クリミア・タタール人は強制送還後数十年間、すべての権利を奪われていたため、多くの問題、日常的な問題でさえも調整する機関が必要でした。例えば、土地を手に入れる権利などです。

言い換えれば、メジュリスはクリミアに独立国家を作ることを目的とした政治的構成物と見なすべきではありません。メジュリスはクリミア・タタール人の代表組織であり、現在はウクライナ政府と緊密に連携して活動しています。

石井　クリミア・タタール人は独立を主張しているのではなく、ウクライナにおける先住の権利を主張しているということで良いですか?

ハリモフ　クリミア・タタール人は、クリミア・タタール文化を保存し発展させる法的権利があるウクライナのクリミアに住みたいと考えています。

石井　ロシアとの戦争において、もしウクライナ政府がクリミアの奪還にまで至らない段階においてロシアとの休戦や停戦をおこなおうとしたら、あなたはどう考えますか?　クリミアを取り戻すまで戦争を止めるべきではないと主張するのですか。

ハリモフ　私はクリミア・タタール人全員の代弁者ではありません。そして、この質問には答えられません。しかし同時に、クリミア・タタール人の大多数にとって、クリミアの解放は生存に関わる問題であることに留意したいのです。そしてクリミア・タタール人は、誰かがクリミアを解放してくれるのをじっと待っているわけではありません。クリミア解放のために多大な努力をしているのです。多くのクリミア・タタール人が最前線で戦い、その多くが政府に関わっており、国防大臣はクリミア・タタール人であり、クリミアにおける大統領の代理人はクリミア・タタール人であり、その他多くの民族の代表がクリミア解放のために今日も戦っています。

石井　国連、欧米諸国、日本など国際社会に伝えたいことがあれば何でも言ってください。クリミア・

タタール人に対する理解と支援は十分ですか?

ハリモフ　私が言いたかったことは、この240年間、破壊され続けてきた民族が世界に存在することを忘れてはならないということです。そして、誰もそのことで罰せられたことがないのです。クリミア・タタール人の強制追放に対して罰せられた者はいません。今日、ロシア人によるクリミアでの犯罪に対して、誰も罰せられていません。民族全体が貨車に詰め込まれ、数千キロ離れた場所に送られるような世界に、私たちの子供たちは住みたいと思うでしょうか?　私はそうは思いません。

(インタビュー:2024年2月)

クリミア・タタール人はロシア連邦の他の民族が独立国家建国を目指している立場とは明らかに違う。もしかしたら、独立国家を求めているクリミア・タタール人もいるかもしれないが、著者が様々に聞き込みをおこなった中では出会うことはなかった。

いずれにしろ、ロシアとの戦争においてウクライナがクリミア半島を奪還することが前提の話であり、全ては戦場にその答えがあるということだ。

第4章 ロシア崩壊の可能性と日本の戦略

―「自由ユーラシア調整センター」構想とは何か―

鼎談：岡部芳彦（神戸学院大学教授）×グレンコ・アンドリー（国際政治学者）×石井英俊（著者）

「ロシア後の自由な民族フォーラム」について

石井　私がロシアの民族問題に関わるようになったのは、昨年（２０２３年）８月の「ロシア後の自由な民族フォーラム」の少し前からです。私自身は中国の問題を専門としてずっと長くやってきた人間です。お２人と違ってロシア・ウクライナを網羅的に専門として扱ってきたわけではありません。民族問題、国際人権問題という立場からの関わりです。そういう立場からすると、ロシアにこれだけの民族問題が存在していることは、私にとっては最初はすごく衝撃的な驚きでした。これは私が単に不勉強ということももちろんあったのかもしれませんが、日本社会一般に渡って正直知られていないと思います。それを考えるとこのロシアの民族問題は、支援をするとかどう関わるかという以前の問題で、まず知られるところからというのが、本書の一番の目的ということになります。

まずお２人に「ロシア後の自由な民族フォーラム」にどういうきっかけで関わろうと思ったのか、もしくは支援しようと思ったのかというお話をしてもらえたらと思います。

グレンコ　こういう会議がおこなわれるというのは、メディアで聞いていて興味はありましたが、関係者でもないので参加していいものかどうかもわからなかったのですが、石井さんから連絡が入って誘われたので参加したというのがきっかけです。ロシアに支配されている諸民族が解放されるかされないか、解放するべきかどうかという問題自体については、頭の片隅では実はずいぶん昔から、クリミア占領以前からずっと考えていたことでした。この団体がその主体になるかどうかは別として、ロシアの諸民族の問題は、やはり今後の世界平和全体に関わる問題です。その諸民族の思いと運動をまず知らなければならない。その上でどう関わるかを考えなければならない、ということを改めて認識しました。

そして、そこでマガレッツキーさん（オレグ・マガレッツキー／「ロシア後の自由な民族フォーラム」創設者 ※第1章第2節参照）とご縁ができて、それ以降マガレッツキーさんとやり取りをするようになりました。東京の第7回フォーラム以降については参加はできませんでしたが、フォーラムがおこなわれるたびに毎回マガレッツキーさんと連絡を取って、今回どうだったか、何が注目点だったか、どういう発展があったかや変わったところがないかなど、その都度確認して聞いてきました。その中で、私の紹介で、樺太の研究に関わるある団体の方とマガレッツキーさんをつないで、樺太の歴史について発表してもらうようになりました。

だから、このフォーラムの東京開催のおかげで、私が元々考えていたこういう重要な問題に何らかの形で関われたことは、言論活動をやっている者としてすごくうれしいし非常に有意義なことだと思っています。そのきっかけを作ったのは紛れもなく岡部先生と石井さんなので改めてここで感謝を表明します。

岡部　まず最初からお話をすると、ある功労者がおりまして、陰の功労者で、多分この本で初めて明らかになるのですが、ウクライナ国営通信社の平野高志さんです。平野さんが実は最初に私にメッセンジャーでこのことを送ってきたのです。「マガレッキーさんと会った。この会議をしたいと言っているのでぜひ力になってやってくれ」と。ちょっとその時は正直なところあまりよくわかっていませんでした。同じ頃にちょうどマガレッキーさんからメールをいただいて、実は二つ返事で、すぐにOKし手伝いますよという返事をしたのです。なぜかと言うと、正直に言うと「こんな危ない会議は日本では開けない」と思ったからです。

メンバーを見ると、まずザカエフ（アフメド・ザカエフ／チェチェン・イチケリア共和国亡命政府首相 ※第2章第1節参照）です。ザカエフが来れるかもしれないと聞いていた時は、非常にびっくりしました。結果的に来られませんでしたが、以前からロシア政府の情報を鵜呑みにして日本政府がチェチェン関係者をテロリストと思い込んでいるので、当初から来られるわけないと思っていました。こんなに危ない人たちが大量に入国して、東京で会議をするというのは流石にあり得ないと思ったので、正直に言うと、どうせできないのだったらウンと言っておいても良いかなと思いました。

会議の趣旨にはもちろん賛成しているので、わかりましたよと話をしました。それで、彼らが前にやっているところというのは、アメリカではハドソン研究所であったり、それなりの場所でやっているので、場所にはこだわりたいなと思ったので、議員会館というのは当初から考えていました。それで誰か力になってくれる人はいないかと思っていたところに出てきたのが、鈴木庸介衆議院議員です。

実はこれも偶然ですが、鈴木議員はウクライナの戦争が始まった年の夏ぐらいに、ウクライナに行ったわけです。その時に会った何人かが、この「ロシア後の自由な民族フォーラム」をウクライナで支援している人だったそうです。私が最初に鈴木議員に話しに行った時に、30分ぐらいはお互いに何の話かよくわからなかったのですが、「この話そういえば去年聞いた」という話になったのです。ちょうど話がうまくかみ合ってこれを実施することになりました。

この会議をやってみて思った単純な感想ですが、一言で言うと「奇跡の会議」です。さっきも申し上げた通り、こんなものが日本でできるとは私も思いませんでした。例えば、ザカエフは来られなかったけど、それは当たり前といえば当たり前で、ただほとんどの方がちゃんと来ることができて実施できました。この時期、戦争が始まって2年目に、日本という場所、しかも東京の議員会館で、反プーチンあるいはそのロシア連邦の少数民族の人たちが日本に集まったということが、1つの鍵だと思います。

2つ目は、そうであるがゆえに、これは歴史的な会議であったと思います。これはちょっと言い方は悪いかもしれませんが、参加した国会議員の先生とその後に話した時に、私はこう言ったのです。「これは、宝くじみたいなものです。可能性としてはもちろん高いわけではないかもしれませんが、もしかすると彼らが次の時代の、あのロシアのそれぞれの地域のリーダーになる人たちかもしれない。その意味で、その人たちに会えたというのはある意味すごく可能性のある会議でした」と。だから、そういう意味で「歴史的な会議」でした。

石井　「ロシア後の自由な民族フォーラム」というのは私も最初どんなものかもなかなかわからない中で関わりましたが、実際に参加してみて、各民族の状況はあまりにもバラバラだなと思いました。ロシアの植民地支配を受けており、ロシアから独立したいという一点で協力関係にあると思いますが、それぞれの状況は全く違います。

例えば、イナル・シェリプさん（チェチェン・イチケリア共和国亡命政府外務大臣 ※第2章第1節参照）はコーカサスの独立ということを言っていますが、自分たちは多分独立できると思う、と。しかし他の地域は難しいんじゃないかと、彼ははっきりそう言うわけです。それは積み重ねてきた運動の歴史や、例えばチェチェンは実力部隊を持っているが他の民族は持っていないといった様々な違いや要因があるとは思いますが、そういう意味であまりにも状況が違うとバラバラだなと。それが1つにまとまっているということ自体、この団体のある一種の奇跡だと、そういう側面もあると私は思いました。

岡部　その通りですね。

石井　実際にいろいろな民族のリーダーと話をされて、何か印象に残っている人物や話がありましたらご紹介ください。

グレンコ　印象に残ったと言いますか、1つの注目点で言うと、マガレツキーや彼と関わりのあるフォーラムの方々は、ロシアは必ず崩壊すると言っています。それは繰り返して何度も言っています。彼らに言わせると、ロシアが崩壊することは「歴史の必然」だと。歴史の必然だというマガレツキーの話が一番印象に残りました。

ちなみに、私は「必然だ」とまでは言えません。可能性は十分あるし、そうなるのは良いことなのですが、必然ではありません。そうなるかもしれないし、ならないかもしれない。そして、放っておいたらそうなるというのは間違いだと思います。放っていたら、ロシア連邦はそのまま残ります。いろいろな努力、多面的な努力を重ねて、やっと実現が可能になる。それでも無理かもしれませんが、できるとしたら、多くの偶然の要素が積み重なる場合、そしてとてつもない計り知れない努力が重なって初めて実現します。起きるとしたらその場合です。歴史の必然、必ずそうなるというのは、ちょっと楽観し過ぎなのかなと思います。

必然なのか、必然じゃないのかというところが一番印象に残っています。

岡部　いまグレンコさんがおっしゃっていただいた通り、マガレツキーが印象に残ったことは言うまでもありませんが、他にとなるとイナル・シェリプとイリヤ・ポノマリョフ（自由ロシア軍団政治部門幹部　※第2章第2節参照）です。先ほど話が出た通り、このフォーラムの中で実力部隊を持っているのは、自由ロシア軍団とチェチェン武装組織のあるポノマリョフとシェリプしかいないわけです。一番力があります。ロシアは放っておけば必然的に崩壊するわけではない。そのために運動している人たちなのですが、その中で実力があるのはあの2人であり、彼らが代表するグループです。

チェチェンの人たちというのは2回のチェチェン紛争を経て、長らく亡命もしてきました。他の人たちは、ロシア・ウクライナ戦争を契機に立ち上がったようなところがあります。それで、チェチェンの人たちとしたら本音を言うと、「俺らはちょっと違うぞ」というところもあるかもしれないし、あるいは長くやってきた経験というものがあります。ロシアの姿を本当に知っているし、どうやっていくと効果的か、あるいはやってもうまくいかないこともある、ということもわかっています。これがシェリプさん、チェチェンの人たちです。

あと、ポノマリョフが言っていたことです。「1年、2年の後に、いまのロシアがあのロシアの地域にあるとは限らない。いまのうちからこういう話し合いを始めておくことが大事だ」と彼は言いました。これは本当にその通りで、さっきの宝くじの話でもありますが、ポノマリョフだけではなくロシアのそういう勢力と話すことが必要です。あるいは石井さんがおっしゃった通りバラバラだけど、それぞれの意見を聞いておくということは、この段階で非常に重要です。

ロシア崩壊の可能性

石井　グレンコさんの話を少し掘り下げたいと思います。実は本のタイトルを「やがてロシアの崩壊がはじまる」としようと思っているのですが、まさにオレグ・マガレッキーが言うところの「歴史の必然」とまではいかなくても、これは崩壊の可能性が出てきたのではないかと私は思っています。マガレッキーが私に話したことで印象深かったのですが、「この2年間でこれだけの運動をやれた。できれば２０１４年からやっておくべきだった。もっと言うと１９９１年からやっていればもっと良かった」と彼がそう言ったのです。ただ逆に言うと、やっぱり１９９１年段階あるいは２０１４年段階ではここまでの運動になるような状況ではありませんでした。２０２２年2月24日の全面侵攻という事態が起きて、ウクライナにとっては悲劇かもしれないけど、逆にロシアの様々な民族が立ち上がるような状況が生まれてきました。そういう意味で歴史のある非常に重要なポイントだったのだろうと思っています。

いまグレンコさんがおっしゃられたように、いろいろな偶然や様々な努力が必要なのは当然ですが、もしかしたらそういうロシア連邦の崩壊が起きるかもしれないという可能性について、岡部先生はどう考えますか。

岡部　崩壊の可能性はあると思います。実は、問題というか火種というのはチェチェン以外にもロシア国内にはあって、例えばタタールスタンは人口が多いです。３００万人以上はいます。タタールスタンというのはかなり民族意識が強い地域です。いま高齢のルスタム・ミンニハノフという「首長」がいます。ロシアの「民族共和国」では、かつて大統領（President）と名乗っている人がいっぱいいたのですが、結局それは法律を変えられてしまって、ほとんど「首長」など、いわゆる県知事みたいなものに名称を変えられてきました。その中で、最後まで変えることに抵抗していたのが、タタールスタンです。それが戦争が始まる1年前、２０２１年に変えろと言われて、結局どうしたかというと「プレジデント」という名称から、「ライス」という言葉に変えた。「ライス」というのは、タタール語で「大統領」という意味に近い言葉です。最後の抵抗なんです。ロシア語では別の呼び方かもしれませんが「ライス」と呼ぶと、明らかにこれは、ロシア連邦の地方の有力政治家の中に不満というのがあるわけです。

一旦火がつけばどうなるのかわかりません。なぜそれが表立ってきたかというと、やっぱりこれは戦争だからです。第一次世界大戦と一緒です。第一次世界大戦でロシア帝国が崩壊しました。平時であれば隠されてきました。あまり気にならないですよね、政治的矛盾なんていうのは。また関心がないので投票も行きませんってこともあります。それが動員であったり、あるいは戦死者も出ます。どうして戦争をやっているのかという中で、表面化してくる可能性があります。そういう意味では崩壊の可能性というのはあります。

石井　先ほどの岡部先生の話の中にあった、チェチェンのように長年戦ってきた人々と今回立ち上がった人たちの間で温度差があるというのは、私が長年関わってきている中国の諸民族の運動でも実はあります。それについてはここでは深く触れませんが、中国の諸民族の運動は「人権運動」です。彼らは「独立」という言葉も表では言えません。独立ということを言うと、アメリカやヨーロッパ議会などが一切応援しないということになります。だから、アメリカの支援やヨーロッパの支援を得る代わりに、独立という言葉は心の中では思っていたとしても封印して、人権問題としての活動しかしていません。

一方、このロシアの民族運動は、戦時下であるということを背景に、しかもウクライナというベースキャンプがあって実際に軍を組織し、武器を持つことができ、実戦経験を積むことができるというのは全く状況が違います。両方とも権威主義国家、独裁国家と戦っているという意味では同じですが、全然違います。ここは非常に大きなポイントだと私は思います。そういう意味で、私たち日本人は中国の方にばかり目がいっていますが、実はこのロシアの民族問題の方がもしかしたら大きく動くかもしれないなと私は見ています。両方に関わっている人間としてそう思っています。

それで、特に軍を持ってる人たちには注目しています。その上でですが、いろいろな人の話を聞くと、例えばイングリアのデニスさん（デニス・ウグリモフ／自由イングリア社会政治運動代表 ※第3章第1節参照）なども軍を作りたいと言っています。まず30人規模の小隊から作ると。シベリア大隊の中にイングリア人の部隊を作りたいと。ところがウクライナ政府がそれを拒否しました。シベリア大隊の中でいち兵士として動くのは良い、入ってもらうのは歓迎するけれども、イングリア人部隊を作るといったことは勘弁してくれと。そういうことは受け入れられないと言って拒否されたそうです。実は、ウクライナが求めているものと彼ら諸民族がやりたいことの差、温度差みたいなものがいろいろと見えてくるなと思っています。ウクライナ政府もしくはウクライナ議会、またはウクライナ軍は、この民族運動に対してどういうスタンスで関わろうとしているのか。もちろん自分たちの戦争にある意味では利用する側面もあると思います。それは当然だと思いますが、どういう関わり方を考えているのか、その辺の情報というかお考えを聞かせてください。

グレンコ　ウクライナ政府の姿勢で言うと、どうやら民族運動に対しては、「敵の敵は味方」という論理では当然関わらないわけにはいかないし、関わって、多少こうやってシベリア大隊を作るという形で可能な範囲では支援はすると。しかし、諸民族解放の全面的な支持・支援はしないというスタンスが見えます。そのスタンスが一番よく表れている行動としては、ウクライナはチェチェン共和国を国家として承認していないところです。「チェチェンはロシアによる占領地、だからロシアではありません」ということは認めていますが、「ロシアではありません、だから独立国家です」とは言っていないのです。「占領されていてロシアじゃない」ということは独立国家ですよね、と普通は思うわけですが、そこまでは言っていません。つまり、曖昧さを残しているのです。

なぜその曖昧さを残しているのか。これは内部情報がわからないから断言はできませんが、おそらくその1つは国際社会を気にしているからです。当然ウクライナはいまの時点で、武器支援や経済支援に全面的に依存している状態です。だからどうしても、支援国、支援国の世論、支援国の思惑と明らかに違うことをするのは、支援の規模に関わるのでできないのです。いまの時点で一番の支援国であるアメリカが、諸民族解放独立には反対、または、はっきり反対とは言っていないかもしれませんが賛成はしていません。だからアメリカが賛成していないものに対して、ウクライナが全面的にのめり込んで、それが良いことだ、正しいことだ、支援しますと言ったら、もしかしたらアメリカからブレーキがかかるかもしれない。あるいは既にブレーキがかかっているという可能性もあります。それが1つです。

もう1つは、ゼレンスキー政権は元々政治とか外交のプロではないので、長期的なスパンというか、大局を見る能力があまりないし、余裕がないのかもしれません。いまの侵略をとにかく止めることが最優先ですので。この民族運動は普通の人から見るといま弱いのであまり可能性がないように見えて、だから、全面的に支持してもそれがウクライナにとって何になるのか、というように考えているのではないかという点もあります。

国際支援の面と、成功するかどうかわからないのでウクライナにとってどうかという面、その2つの理由から全面的な支持・支援という姿勢をとっていないのかと思います。

個人的な意見で言うと、そのスタンスは間違いだと私は思います。私は、少なくともチェチェン共和国を独立国家として認めて国交を結ぶべきだと思うし、運動が強い他の地域に対して独立まではいかないにしても何らかの形で独立運動を認めて、何らかの形でウクライナは国家としてそれを認識するということは、やるべきだと思います。

今後ウクライナの国家としての姿勢が変わるかどうかというのは、運動の規模にもよりますし、この運動をウクライナ国内から支えている人たち、それはまさにマガレツキーさんも含めて、彼らがどれだけウクライナの政界に対してロビー活動ができるかにかかっていると思います。1つ大事なポイントになると思いますので頑張ってほしいです。

岡部　まず、チェチェンの「独立じゃないけど占領地と認めた」というのは、実はゼレンスキーも自分で言っていたのですが、ウクライナ最高会議（国会）については彼らができるギリギリのところだというのが彼らの意見です。それは正しくないのかもしれませんが、独立承認をしてしまったら、確かに国家として認めてしまうことになります。いまチェチェンの支部みたいなものがキーウにあるのですが、そこが事実上大使館みたいになります。実際、いま「代表部」という名前をつけていて、事実上外交施設っぽい扱いを受けていますが、そうではありません。この曖昧に残しているところが、いまのウクライナ政府としてできるギリギリだというスタンスです。これは間違いありません。

もう1つ、いまロシアで独立機運が少数民族で高まったのは、もちろんこれは戦争が理由なのですが、石井さんがおっしゃった通り、基地としてキーウに集えるというのも重要で、これは以前にはなかった状況です。

こういうことって実は他のところであるのかというと、なきにしもあらずで、例えばイギリスに亡命して、亡命政府とか亡命事務所みたいなものを置いているそういう少数民族の団体は結構多くあります。なぜかというと、イギリス政府はいまはだいぶ厳しくなったのですが、以前は基本的にイギリスにいたいという人たちにはいてもらうという方針だったからです。それは、イギリス政府は実はずるがしこくて、いざという時には何か使えるのではないかというスタンスなのです。

イギリスとは状況は違いますが、この侵攻がおこなわれているウクライナで、ロシアと戦うのだという、あるいはロシアに反対するのだと活動している人たちが、集える状況が生まれたというのが1つ大きい。

ただ、以前から武装をして、武力闘争していた人たちと違って、新しい人たちが例えばさきほどのシベリア大隊の中に他の少数民族の小部隊を作るというのは、効率としては悪い。宣伝効果としてはもちろん抜群にあるのですが、軍事組織としてはあまりよろしくない状況だと思います。

もう1つ、これはチェチェン側がもう公表してるので言いやすいのですが、いまロシアのベルゴロドなどに越境攻撃をかけているのは自由ロシア軍団とかロシア義勇軍とかで、越境攻撃したと自分たちで言いますが、実はチェチェンの人たちも越境攻撃しています。それで、少数民族の他の部隊を作ると、彼らの活動地域がベルゴロドだったらいいのですが、他の自分たちの地域でゲリラ戦みたいなことをやった場合には、おそらくロシア政府の主張というのは「あれはテロリストだ」となります。そうなると「ウクライナはテロ支援国家だ」みたいなプロパガンダをロシアが主張しだすと思います。これはもちろんロシアがおかしいので、「これは独立運動だ」と言っても良いのですが、その時に西側の国はダブルスタンダードみたいになるかもしれません。ロシアで、例えばいろいろなところで仮に爆破などがおこなわれた時に、それを支援しているのがウクライナだとなった場合に、なぜそれを支援しているのだという声がいずれかの国で起こるという可能性もあるので、そのあたりを気にしているのは間違いありません。

外部要因がどうしても絡むというのはあります。だからといってそれは正しいのかというと、これは理屈としては全然正しくありません。本当はどんどんやっていけば良いと思いますが、どうしても戦争を遂行するウクライナとしては外部要因が影響します。

石井　いま岡部先生がおっしゃられた、まさにテロ支援国家とウクライナが見られるかもしれないという部分について話します。例えば去年（２０２３年）の11月の終わりに、ブリヤートで鉄道を爆破する作戦をウクライナ保安局がやりました。２回あったと思います。あれはウクライナがやったと自分たちで言っているわけです。だから、例えばモスクワの劇場でのイスラム国のようなことをやれば、国際的な非難を受けるのでしょうが、軍事的な目標というかそういう形での非対称戦というのはもっとやっても良いと私は思います。言葉が悪いかもしれませんが、本来もっとやった方がウクライナとしても戦いやすいのではないか、なぜやらないのかと、これが私には不思議で仕方がありません。

次にウクライナ情勢の話に入っていきますが、結局、アメリカを始めとする欧米諸国がウクライナを支援している中で、ロシアの国境の向こう側を攻撃することに常にブレーキをかけ続けて、武器の支援も小出し小出しで、武器を支援しても使わせません。あるいは、制限がずっとかかっています。これが結局非常に戦いにくくしているのではないでしょうか。この〝制限〟はこのままずっと続くのか、このあたりについてどうお考えですか。

最新ウクライナ情勢

グレンコ　〝制限〟はまだまだ厳しくて、全面的に撤廃されることは当分ありませんが、ただこの2年と数ヵ月の全面戦争を振り返ってみると、支援国の認識の正常化は非常に遅いけども、進んでいます。つまり、いままで認めなかったことを認めるようになりました。武器の種類についてもそうですし、武器の使用についてもそうですし、またはロシアの批判の仕方とか制裁についてもそうです。そういう意味で、最近この数ヵ月の動きでいうと、一部の国からは、その提供された武器でロシア国内の軍事施設を攻撃することは問題ないのではないかという意見が出るようになりました。最近一番目立ったのは、バルト諸国とイギリスです。さらにアメリカの中でも、もしかするとそれは政権批判につなげたいだけかもしれませんが、ロシア批判やウクライナ支援に積極的な共和党の人からも、バイデン政権に対して、なんで攻撃を認めないのかという意見もあります。さらに下院議長のジョンソンも、もうウクライナに判断を任せればいいのではないかという話をし始めています。

だから今年そうなるかどうかはわかりませんが、いままでの流れを振り返ってみてその上で今後を予測すると、どこかの段階で来年かそれ以降は、西側の思考はちょっと正常化して、どこかの段階で西側によって提供された武器でロシア国内の施設を攻撃するということが認められるようになるのではないかと私は思います。ただ、いずれはそうなりますが、どの段階になるかはちょっと予測はできません。

（著者注：鼎談をおこなったあとの5月末、欧米各国は相次いで、ウクライナによるロシア領内への攻撃において欧米が供与した武器の使用の一部容認を発表した。〝制限〟の解除には各国に差がある。最大の支援国であるアメリカは、ハルキウ州に限定して「ウクライナ部隊を攻撃している、あるいは攻撃しようとしているロシア軍に反撃する」目的で、アメリカの武器を使用することを容認した。ただし、長射程地対地ミサイル（ＡＴＡＣＭＳ）の使用は禁止している。攻撃が一部容認され、大きく変化したとはいうものの、〝制限〟はいまだ続いている）

岡部　さっきの話の続きになりますが、どうしていわゆるロシア国内でウクライナ側が第二戦線みたいなもの（後方作戦）を張らないのかという話なのですが、「ウクライナ側は精一杯だ」ということです。もうロシアとの戦争で大変だということです。それはＳＢＵ（ウクライナ保安庁）も情報総局も同じなのですが、正直言うと、彼らの実力不足だと思っています。実力不足というのは、何も能力が低いということではなくて、巨大なＳＢＵはともかく情報総局はそこまで大きな組織では元々ありません。それがこの全面戦争下で情報収集から何から何まで全部担当しているので、全部やるにはさすがに荷が重いかなというふうに思います。

〝制限〟の話なのですが、これは実は今回の戦争だけではなくて２０１４年以降ずっと私は感じてきたことなのですが、いまのトランピアンの共和党（ＭＡＧＡの共和党）はちょっとのぞくとして、民主党政権とロシアというのは相性がすごく悪いのです。これは、オバマの時にクリミア併合、ロシアによる東ウクライナでの地域戦争が始まって、結局オバマは何もしませんでした。トランプの時はどうだったかというと、まがりなりにもジャベリンを送って、それがこの戦争の緒戦で役に立ちました。いま再び民主党政権で、もちろんこれは自由のための戦いだということは民主党政権でバイデンも言いますが、問題は何かというと、おそらくこの民主党政権とロシアが相性が悪いというのは、基本的にアメリカの民主党政権の「人権外交」だと思うのです。人権問題となると、それと関わるセンシティブな問題というのを結構嫌がります。例えばロシア国内で軍事目標に限定して、特殊部隊が発見して、攻撃していいかどうかを判断する時でも、ちょっとでも市民に犠牲が出たらどうするのかといったようなことです。平原で戦車で撃ち合っていたらあまりそれが起こらないわけです。ちょっとでもロシアの民間人の犠牲が出るということをすごく恐れる傾向があって、それがこの戦争の支援の遅れにも全部つながっているのではないでしょうか。ロシア領土を攻撃するなとか、ドローンをあまり撃つなとか、うちの兵器を使うなとか。それにどんどんつながっていってこの2年が経ちました。これはまさにバイデンであるがゆえに、いまのアメリカの支援があるのも事実ですが、それ以上に大きな矛盾を複合して政策をおこなっているのかなと。もうジレンマと矛盾だなと思います。人権とロシアへの攻撃という、もうこれは本当にコントラディクションでもあるしジレンマでもあります。彼らとしてもいつもそれを考えています。そういうことが背景なのかなと思います。

石井　そういう矛盾ジレンマを抱えているアメリカが、場合によってはこの11月の大統領選挙でトランプが勝つ可能性も言うなれば半分はあるわけです。就任するのが来年の1月ということになります。「もしトラに備える」という言い方をよくしますが、これは戦争の状況にも影響を与えます。影響を与えるのは当然ですが、どういった影響が出るのか、トランプになった時にどう変わるのか、それにいまからどう備えているのかということについてお願いします。

グレンコ　それはですね、多分トランプ本人も含めて誰もわからないと思います。トランプの言っていることは、とにかくその時の目先の利益につながることだけですので、言っていることも考えていることもすぐ正反対に変わることがあり、どう動くかはもうわかりません。それは本当に誰も。だからこの間の支援案を、7ヵ月間止めていたのがトランプで、そしてトランプがもう止めなくなった瞬間に決まりました。だからその時の気分で世界の運命に関わるような判断をする人なので、どうなるかはもうわかりません。良い方向に動くか悪い方向に動くか、もしくは意外とバイデン路線がそのまま続くか、そのどの可能性もあるし、実際にどうなるかというのは、どういう人たちを側近に置くかに関わります。ただ、やはり一番の要素はその時のトランプ本人の気分になるので、本当に予測不可能です。だから、いま一部の専門家は、トランプになったらウクライナ支援を止めるという人もいるし、いやトランプになったらウクライナの支援を増やすと言っている人もそれぞれいますが、どっちも間違っています。正しいのは、「わからない」。だって本当にわかりません。

岡部「トランプはその時の目先の利益で動いてる」とグレンコさんが言うのはその通りで、これを簡単に言うとオポチュニストなのです。オポチュニストというのは機会主義です。機会主義というのは、AとBという選択肢があったら、別に自分の思想信条と関係なく有利な方のAを取るみたいな感じです。何か別の材料があってBがいいなと思ったらBを取るみたいな形で、さっきのウクライナ支援が復活したというのはそういう動きの1つです。

実はゼレンスキーも、ウクライナのトランプみたいなところがあって、機会主義なのです。トランプほどではありませんが。ちょっと有利なことがあったら、例えば中国企業がうちのジェット戦闘機のエンジンの会社に出資してくれるとなったら、もう売っ払おうかとか、そんなことを思っちゃったりする人なので、機会主義です。

機会主義の人の行動は、いま言った通り、考えても予想できません。有利な方を取ります。有利かどうかというのはその時の状況で違います。だから機会主義だということを理解して動くのが大事です。例えばアメリカの議会でキャスティングボードを握っている、トランピアンのマージョリー・テイラー・グリーンみたいな。無茶苦茶なわけですよ、ぐちゃぐちゃというか、我々からすると行動原理が全くわからないのですけど、わからない行動原理が彼らにはあります。こんなことを言ったら元も子もありませんが、考えても仕方がありません。それが1つです。

もう1つは、そうはいうものの考えてみると、彼の政策を作っているシンクタンクの中で結構有名なものにアメリカン・ファースト・インスティチュート（アメリカ第一研究所）というのがあります。ここが論文を結構発表していて、例えばトランプ政権の最初の安全保障の補佐官を務めたケロッグ将軍（退役将軍、中将）が面白い文章を書いていました。いままでバイデンがやってきた支援というのは、戦争でいうと戦力の逐次投入だ。ちびちびちびちび援助して、その結果、戦争が終わらない。だから、トランプ政権になった時は、強力な武器を与えるなり援助を与えるなりして、戦争を（24時間とは言わないけど）すぐ終わらせるべきだ、みたいな論文を書いています。

トランプの周りにいる人たちがウクライナ支援を止めろという人たちだけではないというのは、もうこれ1つ見てもわかります。ただ、「強力な兵器」とは何なのかと言ったら、私が思いつくものは核兵器ぐらいです。だから、ある意味では「もしトラ」の一番怖いのはこれなのかなと思います。でも何をするかわからないと見せているというのもあります。

いま側近と呼ばれている人たちがちゃんとトランプにその外交政策を含めて政策を提案して、提言できているかは微妙です。彼らがまわりで言っているだけで、本人に言えていないかもしれないので、これはもうちょっと先にならないとわかりません。

グレンコ　機会主義で言うと、フランスのマクロンも機会主義政治です。彼は元々すごくプーチンと仲良くするつもりで、メルケルに白い目で見られたり、何もわかってない坊主、みたいな感じになっていたのですが、いつの間にか西側の主要国の中で一番まともなことを言いだしました。つまり、ここでロシアに対してしっかりした毅然とした姿勢をとった方が得だと認識したのでしょう。だから、機会主義というういわゆるポピュリストの数少ない良いところというのは、正しい結論にたどり着いた場合、様々な伝統的な政治家のしがらみと関係なく正しいことを粛々とやるというところなので、「もしトラ」は、正しい結論にたどり着いた場合、意外と悪くないという可能性はあります。

岡部　私の最大の謎は、岸田総理がなぜこんなにウクライナ支援に熱心なのかということです。

石井　別な言い方をすると、岡部先生から見て、岸田政権はウクライナ支援をよくやっていると見ているということですか。

岡部　私は、よくやっていると思っています。いまオデッサでずっと2ヵ月ぐらい取材しているある戦場ジャーナリストの、日本が送った73式ジープがどう使われてるかという記事でよくわかったのは、もうウクライナ軍があの車を使っているということです。銃を積んで使っているんです。アメリカはロシアへの攻撃に自分の兵器を使うなと言っていますが、日本の支援には制限は何もついてないことがわかります。とりあえず車送るから後はお好きにという感じでもっとやってるのじゃないかなと。

石井　グレンコさん、岸田政権のウクライナ支援をどう評価するか、よくやってると思うのか物足りないと思うのか、両方あるかもしれませんが、一言コメントいただけたら。

グレンコ　全然物足りないけど、よくやっています。というのは、国際基準からするとG7のレベルでは最下位ですが、ただ日本の歴代首相の中で国際問題へのコミットとしてはいままでで一番、戦後史上最高レベルです。だから多分、岸田首相個人のその政治指導者としての能力は、いまのG7の中では一番高いと思います。他の国々はしっかりした国々だから、首脳は大したことなくてもいろいろできます。一方で、日本は様々な戦後のしがらみや制限があって、だから立派な首脳でもなかなかできることが少ないのです。でもこの多くのしがらみがある中で、ちょっとずつ進めています。まだまだ途中ですが、ちょっとずつ進めていることは、もう本当に非常に立派なことだと思います。よく「戦後レジームからの脱却」ということが保守派とか右派の中で言われますが、戦後レジームからの脱却を実務として一番進めているのは岸田首相だと思います。

石井　いまジープの話がありましたが、ウクライナへの支援物資は、いろいろなものを送っていると思いますが、防衛的なものであれば武器も送るべきではないかという議論もあります。例えばパトリオットミサイルはどう考えても敵を攻撃するものではなくて防衛するものです。日本はアメリカに輸出することになりました。言うなれば玉突きで、日本はアメリカに送り、アメリカはウクライナに送ります。そうじゃないと言ってますが、実質そういうことです。例えばこのパトリオットを日本がウクライナに出すのかと。防衛的なものであれば出すべきという議論がありますが、どう思われますか。

グレンコ　おそらく岸田政権はやりたいと思います。やりたいけど、その政権の中、つまり与党の中でそれはやりたくない、いや駄目だと思っている勢力が強いのでできないだけです。しかし、できる方向にはちょっとずつ進んでいると思いますので、どこかの段階で防衛、防空ミサイルなどの防衛兵器提供には踏み切ると思います。というのは、この戦争はこれから残念ながら長く続くので、決断が遅くても残念ながら間に合います。だから、どこの段階になるのかはまだ予測はつきません。ただ、政権側はやる意思があるので、それは必然的にどこかの段階では決断につながるのではないかと見ています。

岡部　先日、久々に公明新聞が私に寄稿を依頼してきました。それは何かというと2月19日の日本ウクライナ経済復興推進会議について書いてくれということでした。そこで私は、「駐日ウクライナ大使からはミサイルやドローンを迎撃するための防空装備の供与の期待の声も出ており、その声に応じる必要が迫られるかもしれない」「上川外務大臣が脆弱な立場の女性や子供を守るというのであれば、人道的な見地から防空装備のウクライナへの供与、もう検討時期に入ってるのではないか」と書きました。これが締めの言葉です。平和主義を党是とする公明党の機関紙の編集者がちょっと困りますと言うかなと思ったら、そのまま載せたのです。意外だったので聞いてみたら、編集者さんは「私もそう思います」と。いま言った通り、ロシアが空襲で撃ってくるのを撃ち落とすものをウクライナに提供するというのに、反対する人はいないのではないか、というのが個人的な意見だというので載ったそうです。

この間、維新の和田有一朗衆議院議員が外務委員会でこの質問をしました。そろそろ防空装備を供与することを考えた方がいいのではないかと。私の記事を引用したのかどうかはわかりませんが、「多くの空襲の犠牲は女性と子供で、上川大臣はその女性と子供について推進しているのに、どうして供与しないのか」という話をしています。結局「いまはしません」のような答弁だったのですが、徐々に声が出てきているのは間違いありません。だからこんな言い方をするとまた元も子もなくなりますが、いましない理由というのは、グレンコさんの言った通り、与党の中でしたくない人たちがいる、ということです。

その影響が大きいということが1つと、単純に法律や予算がないというのも理由の1つだと思います。ＯＳＡ予算といって防衛装備移転に使う予算は20億円ぐらいしかありません。もちろんパトリオットミサイルをいっぱい送ると、それをはるかに超えてしまいます。そういう役所的な理屈もあるので、本当は国会議員にもっと動いてほしいと思います。

それと、イギリス・イタリアとの戦闘機の共同開発など、兵器輸出の話とは、分けてやってほしいというのは正直なところ思います。これは実際にいま起きている戦争で、ウクライナの人が最も必要とするものを、人道的な見地から緊急にすぐに送るというような議論を国会ではぜひしてほしいと思います。兵器輸出とリンクされてしまうと、また別の話になってしまいます。武器輸出が……とか、兵器開発が……とか、左派系の人たちが言うでしょうから、そことは違う別のところでやってほしいのです。

石井　和田有一朗先生が国会（外務委員会）でも発言したというのは、大きな進展だと思います。いまのグレンコさんの話の中で、この戦争は長く続くだろうから、残念ながらどこかで判断すれば間に合う、という話がありました。この戦争がどこまで続くのか、逆に言うとどういう形で終わりというものがあり得るのか、ということに対してのいろいろな議論があると思います。この点を考えていくことが大事だと思うのですが、おそらく来年はまだ戦争は続いているでしょう。では、どういう形で終わるのでしょうか。

例えばいろいろインタビューしてる中で、イナル・シェリプが面白い言い方をしていました。ウクライナ側で戦っている国々の中でも、この戦争の「勝利」、何をもって勝利とするかはプレイヤーによって違うのだと。ウクライナがどう考えているのかということがポイントの1つだと思います。つまり、1991年の国境を取り返すまでなのか、2022年2月24日の段階まで戻ればいいのか、いやクリミアまで、2014年の段階なのかと。何をもって勝利とするのか。実はこれは意地悪な質問だったかもしれませんが、クリミア・タタール人に聞いたのですが、クリミアを取り戻していない段階で休戦という話になったらあなたは賛成しますか、と。そうしたら、その質問には答えられない、言うわけにはいかないと回答拒否されましたが、つまりどこまでやるのかということは立場によって変わってきます。

この戦争はどこまで行けば終わるのか。もしくはどこで終わらせるべきなのでしょうか。

グレンコ　いまのご質問の中で、実は意外と3つ全く違う質問が入っています。どう終わるか、どう終わるべきか、勝利とは何か、と。それぞれ全く別物です。まずは実際にどう終わるかと考えると、実はそれはウクライナの意志や覚悟とか信念とは全く関係のないものです。つまり、戦争を起こしたのはロシアなので、戦争を起こした側の理屈で終わります。始まったのは起こした側の理屈ですから、必然的に起こした側の理屈で終わります。

だから、戦争が終わる、もしくは一時休戦、または後で再開するけど一時休戦するとしたら、それは、1つはロシアがもうこれ以上戦う術、つまり継戦能力がなくなった場合か、あるいはこれ以上戦い続けても新しい占領地を獲得できないしむしろ奪還される可能性があって続けても何の得もないと判断した場合です。もしくは一旦止めて、ウクライナを政治謀略でかく乱させて、その後もう1回武力攻撃をおこなう方が、ロシアがウクライナを征服しやすいと判断した場合。つまり、ロシアが止めるしかない戦う術がない状態か、ロシアが止めた方が最終的にウクライナが手に入ると判断した場合、この２つです。

もう１つ、いまの段階では可能性が低いですが、将来的にどこかの段階で、自由主義側の方が、占領地や前線の付近はそのままにして、地上戦がおこなわれてないところに対して安全を保障するという決断をした場合。つまり、いま占領されている５州に対してはコミットしないが、他の州にロシア軍の地上部隊が入ったらそれを西側の力で排除すると表明した場合。この場合も戦争が終わります。だから、継戦能力喪失と、止めた方が有利と、西側の決断、この３つの可能性があります。実際に終わるのはこの３つのどれかになります。

次に、どう終わらせるべきか、という「べき論」になります。べき論で言うと、当然全て取り戻すべきですが、残念ながら、ウクライナの国力から見ると、それはウクライナだけでは判断できません。例えばウクライナは全土解放までやるべきだともちろんいまでも考えていますが、しかし、ウクライナを支援している国々でそう思わない国もあります。だから、例えばなにかの天変地異でロシアが停戦に応じた場合、それにウクライナが応じるかどうかとなった時に、ウクライナが「いやいや応じません。全土解放まで戦います」と言ったとしたら、その判断を支援国はそのまま尊重するかどうかわかりません。尊重されない場合、結局支援国の意向に従わざるを得ません。当然支援はこれからも継続的に増えます。だから、べき論で言うと全土解放までやるべきですが、ただこの戦争においてウクライナが単独で判断できることは少なく、ロシアの判断とウクライナを支援している国の判断がやはり大きいと思います。

それから、勝利とは何かというところもありますが、人によって定義が違います。本来の完全勝利とは全土解放とＮＡＴＯ加盟ですが、もしそれが難しい場合、何が勝利と言えるのでしょうか。国家にとって一番大事なのは国家の存続ですが、ウクライナの場合は、自由民主主義諸国から安全の保障がないと、存続が危ういです。私の認識では、現在の施政下にある領土を守った上で、自由民主主義諸国から安全が保障された状態は、部分勝利、辛勝といったところです。一方、安全が保障されないままの一時休戦は、延期された敗北になります。

岡部　別の視点から話をしますと、それに加えてもう1つ考えられるのは、これは当たり前なのですが、ウクライナ国内の政局です。それでこの政局というのは、国民の世論がもちろんあって、そしてあるいは議員、大統領、政府がどう考えるかということがあると思います。いまゼレンスキーの指示とかはそんなに重要ではなくて、国民がどこまで求めているか、どこまでやりたいか、というところがポイントです。

だから理想論で言うともちろん全部取り戻して当たり前なのですが、それにはもちろん犠牲も出るわけですし、コストもかかるという時に、国民がどこまでそれを支持するかというのが1つあります。さっき言った通りゼレンスキーの判断はオポチュニストなのでわかりません。それで今回のこの戦争でいまいちゼレンスキーがぶれないのはなぜかというと、これはウクライナの国民感情が一貫しているからです。ある程度の国民のマジョリティーが一貫してこの戦争でウクライナが勝つことを支持していることがあります。ただ、さらに戦争が長くなってくると、もちろん様々な意見が出てくるだろうし、あるいはウクライナにも、さっき言った通り政局があるので、そこでちょっと変わってくるのは間違いがないかなと思います。

最悪のシナリオをまず1つ言うと、実は2月に38度線を視察に行ったのですが、朝鮮半島みたいになってしまうのはあまり望ましくないと思います。ミンスク合意も同じような感じのものを目指したのではないかと思いますが、結局ロシアが侵略的意図を持って、機能しませんでした。

北朝鮮ぐらいの国だったら見栄えは強そうに見えて核兵器も持っているという話ですが、軍事力は数が多いだけで、彼ら自身も全面戦争になったら負けるというのは実はわかっています。相互確証破壊みたいな感じで、戦争は起きにくいのです。ミンスク合意ではそれがうまく機能しなかったので、あのやり方はあまり良くないというのが正直なところです。

現実的な目標かと言われると、全部取り戻すというのは現実的ではないかもしれませんが、やはりある程度は行けるところまで行く、ウクライナの政権は２０２５年まではとりあえずできるところまでは戦いたいという方針を表明していますので、ひとまず1年半以上ぐらいは続くということです。

グレンコ　1つ大事なポイントで、ウクライナの場合は、仮に一時休戦になって、現在の占領ラインをそのままにして一時休戦になった場合、それは「チェチェン・シナリオ」になる可能性が高いです。「朝鮮半島のシナリオ」ではなくて「チェチェン・シナリオ」になります。

つまり、朝鮮戦争の方は、接触線がそのまま国境になって70年経っています。チェチェンの場合は、チェチェン共和国は第一次戦争で独立を獲得して独立国家になりましたが、2年も経たないうちにロシアはもう1度総攻撃をかけて、結局全部を征服しました。

だからウクライナの場合は、一時休戦でそのまま接触線が国境になるとしたら、西側がその後ウクライナに地上部隊を送って安全の保証をしなければ、それは数年のうちにもう1回総攻撃が起きて、その時こそロシアの思惑は成功してしまう可能性が非常に高いのです。その一時休戦の後、支援国と国際社会がウクライナに対してどうコミットするかが非常に重要になります。

岡部　私も全くその通りだと思います。それに失敗した例というのは非常に多いのです。いまのアメリカの朝鮮半島がうまくいったというのは時代的なこともあって、冷戦の時代だったからというのもあるのかも知れません。ウクライナの場合は、いまグレンコさんがおっしゃった通りになると私も思います。ロシアの場合は、ソ連のアフガニスタン戦争みたいに終わる可能性もあると考えています。軍、国民ともに疲弊し、ロシア社会が帰還兵にも冷たく対応するのであれば、時間はかかるかもしれませんが、ウクライナからの撤兵もあるかもしれません。

石井　ということは、もういずれにしろもちろん全部取り返すことが理想ではあるけれども、現実的に厳しいという中で、何らかの形でどこかに線が引かれる可能性が高いと。それはもちろんウクライナの国民次第ですし、西側の支援の大きさにもよりますが。

チェチェンのイナル・シェリプが面白い表現をしていました。シェリプの見立てでは、アメリカの戦略はニシキヘビの戦略だと。彼が言っていたのは、「ウクライナがいますぐ勝利することをアメリカは望んでいない。徐々にゆっくりと時間をかけてロシアが弱っていくために、意図的に少しずつ武器を出しているし、意図的に少しずつロシア国境の向こう側を攻撃することを容認している。徐々にロシアが弱まることをアメリカは望んでいる。だからニシキヘビのようにじっくりトグロを巻いて、じわーっと締め上げていくという戦略なんだ」という分析でした。

さて、戦争全体、いまはロシアが攻勢を強めていますが、来年前半ぐらいまでに向けて戦争全体はどのような方向に、戦線はどう変わっていくと見ていますか。

岡部　この2年間の戦争で、ウクライナに足りなかったものというのはいくらでもありますが、最大のものは制空権です。いま空襲をばんばんドローンで受けているのは言うまでもないし、本当は制空権どころか対空兵器をもっと支援してほしいがそれすら足りない。実際この戦争が始まった時にウクライナが世界にアピールしたことは何かというと、飛行禁止区域をウクライナ上空に設定してほしいということです。かつてイラクであったような感じです。でも結局それは、ロシアの航空機がウクライナ領内を飛べば、ＮＡＴＯが撃墜するということになってしまいます。戦争の最初の頃はびびって応じなかった。そうなるとこの戦争のバランスで考えると、明らかに空軍力がウクライナには足りないので、それもこれから支援していくというのであれば、ゲームチェンジャーという言葉は好きではありませんが、やっとまともな形の戦争ができるようになります。

反転攻勢も制空権がない世界に地上部隊だけ突入するという無茶なことではなく、少なくともマシにはなるだろうし、だいぶ戦い方が変わってくるのではないかというのが素直な私の感想です。

グレンコ　まとめると、理想はこうだけど現実は厳しいという話ではなくて、繰り返しになりますが、戦争が終わるのは、ロシアがこれ以上戦争できなくなる時です。ロシアがどのような形で戦争できなくなるかというのは、西側自由主義側の支援の規模によります。つまりドンと大量に武器が来たら、その武器を使ってロシア軍とロシアの軍需産業を破壊して継戦能力がなくなり、即停戦となるかもしれません。もしくは、いまのようにちびちびと武器提供がこのまま続いた場合、これから戦争が長年続いてどこかでロシアはこれ以上無理、これ以上続けても占領地拡大できない、じゃあ一旦停戦しましょう、になるのかというところです。戦争終結の決断はロシアがしますが、その決断を誘発するのは、西側によるウクライナに対する支援です。

自由ユーラシア調整センター

石井　去年「ロシア後の自由な民族フォーラム」で東京宣言が出され、その中で3つ項目があった中の3つ目に、日本に本部を置く「自由ユーラシア調整センター」を設置しましょうというものがありました。これはイナル・シェリプさんの提案だということだそうです。

岡部　ポノマリョフもその件はかなり言っていました。

石井　そうなのですね。シェリプが私のアイデアだと言っていたのですが、日本で何かするとすれば岡部先生がまず中心になっていかれると思いますので、岡部先生が何を考えておられるかというのをお聞きしたいと思います。

岡部　まずイメージからお話しします。私は、神戸生まれ神戸育ちで、神戸で働いています。神戸にはあまり知られていないのですが、日本で2つしかない本格的なモスクがあるのです。異人館街にあるのですが、なかなか面白くて、金曜日に行くとその前にハラールレストランとかがあって、そこにはイスラム教徒が大勢います。それで、その中に見学に入ると太平洋戦争末期の神戸大空襲の時に周りが全部焼けているのにモスクだけが残っている写真があるのです。当たり前ですよね、石で作ってあるので。多分私の予想では中は焼けているはずなのですが、それで、彼らはお祈りに来る人にどう説明するかというと、「神は偉大なり」のように言うのです。さすがに、これは石だから外が残ってるだけじゃないですか、とは言えませんでしたが、写真で見ると確かにすごく印象的です。

どうしてこの話をするかというと、なぜ神戸にモスクがあるのかという話が大事で、これはタタール人のアヤズ・イスハキーが関わっているのです。１９２０年代から30年代、ロシアのタタールスタンとかそこら辺のタタール人の独立運動をしてる人たちが、実際に日本で独立運動をしていたのです。これは日本のイスラム研究をしてる人たちに結構人気のある話で、タタール人と日本人、世界の絆ということでよく取り上げられます。アヤズ・イスハキーは神戸のモスクのオープニングセレモニーにも来ています。それで私がなぜこのことを知ったかというと、『日本ウクライナ交流史』の中でも書いたのですが、満洲のハルビンで刊行されていたウクライナ語新聞の「満洲通信」というものの中に、１９３４年にアヤズ・イスハキーが来て、日本のハルビン特務機関とウクライナ人居留民で歓迎会をしています。その記事というのが載っていて、まさに我が国というのは、特に戦前期というのは、ロシアから独立したいという少数民族の人たちを、宗教や民族問わず支援をしてきた歴史的な伝統がありま す。まさにタタールに関してはモスクが象徴だし、私が本に書いた通りそれは日本人とウクライナ人、ハルビン、満洲で独立運動をしていたウクライナ人を支援していた日本人もいた伝統があるのです。

だからまさにこの日本の地に、そういうロシアの、いわゆる植民地帝国主義から独立したいと言ってる人たちのセンターがあるというのは、ちょっと大げさかもしれないけれど歴史的必然ではないかというのが、私の考えです。

実際の機能というのは何かというと、オフィスがあって、そこで毎回彼らが来るたびにイベントをしているようなところで十分だと思います。１つはそれぞれの主張の広報センターでいいと思っています。例えば会議室に人を集めて、一般の市民の人たちも参加型にして、彼らの主張をとりあえず聞きましょう、というのを最初は繰り返していくだけでも十分理解が深まるかなと思います。冒頭に石井さんがおっしゃられていたように、ロシアでこういう少数民族の独立運動があるということを知らない人はいっぱいいるはずです。とりあえずそれでスタートするだけで十分かなと私は考えています。

石井　グレンコさん、自由ユーラシア調整センターという名前や組織はともかくとして、日本の中でポストロシアの運動、ロシア連邦下の諸民族の声を広めていこうという運動について何かあればお願いします。

グレンコ　私はそういう実務的なところには関わっていませんが、意義を言うと、やるべき理由は、その自由を求める民族の声を広めるという意味ではもちろんそうなのですが、逆に日本で関心を持った人が、どうすればいいのかわからないわけです。だから例えば、どこかの日本人、例えば言論人でもいいし学生でもいいし実業家でもいいのですが、この運動を支援してあげたい、お金で支援したい、もしくは情報を広める拡散力を貸してあげたいなど、支援したいと思ったとしても、何をすればいいのかわからないわけです。だからその日本からの意図と諸民族の意図をつなぐ意味は非常にあると思います。その諸民族は、日本で主張を広めたい場合はそこに来て、そこで会議を開くなり、何らかの広報活動をおこなうのもいい。逆に、関わりたい日本人がいたら、その場所があるからその場所に実際に赴いて、もしくは連絡して、こういう形だったら関われますよという、お互いのつなぎ役が必要です。そういう意味では実際に事務所があって、そこで事務局の担当者が存在することは非常に大きな意味があると思います。

日本の戦略

石井　日本の対ロシア外交、ウクライナ、もしくは民族運動も含めたところの広い意味での対ロシアの外交戦略、安全保障戦略、もしくはそういう民族運動との関わり方について考えたいと思います。もちろん政府が表でできること、表でできなくて民間がすべきこと、いろいろな段階はあると思います。

その上でですが、安倍政権の時代は対中国安全保障を重視して、中国とロシアという二正面作戦はできないということから、その意味でロシアを取り込まなければいけないという点が大きかったと思います。プーチンと会談し、信頼関係を重ねてきたと。結局それは様々な空手形で経済的な支援をむしり取られただけに終わったのではないかという議論と、いや安倍総理がせっかく築いてきたプーチンとの信頼関係を岸田総理がぶち壊した、という両方の議論とがあります。

中国という巨大な真正面の敵に、尖閣諸島も含めたところで向き合っている中で、ロシアとはどう向き合うべきなのか、どういう戦略を日本は考えていくべきなのかについて、ご提言をいただけますでしょうか。日本の外交戦略、安全保障戦略について全体としてコメントいただけたらと思います。

グレンコ　いまの時点で既に国際社会は陣営分けが進んでいます。進んでいるというか、進んだわけですから、明らかに自由主義に対して対抗している独裁陣営、中国・ロシア・北朝鮮・イランというのはもう事実上の同盟関係に近い国々の集合体です。彼らは大枠で言うと共通の戦略を持っています。ちょっとした違いはあるかもしれませんが、大枠では1つの戦略です。だからそのいまの段階で、ロシアで、ロシアというかいわゆる北ユーラシアで解放運動がまだ全然進んでいない段階で言うと、対ロ外交単独で見るというよりも、自由主義国家である日本が、独裁陣営の国々、中国、ロシアと北朝鮮に対して自国の安全保障をどう守るのかというのを、メインに考えるべきです。そういう意味で言うと、もちろん自分から挑発をしない、自分から戦争を仕掛けないというスタンスは当然として、だけど、いつ彼らから仕掛けられるのかわからない。仕掛けられる場合は中国とロシアは同時に来るわけですから、それは起きてもおかしくないのです。最悪の場合そのシナリオも考えられるという意味で、やはり防衛を第一に考えて、外交的に、あまり中国との関係やロシアとの関係に深入りせずに、ちょっとずつ経済的なつながり政治的なつながり社会的なつながりを縮小して、いざという時に、例えばつながりがあるから強く出られない、つながりがあるから毅然とした姿勢をとれない、ということにならないようにしなければなりません。いまのうちにちょっとずつ中露との関係を縮小していくというのが、一番賢明なシナリオだと思います。

岡部　安倍政権の時の二正面作戦はできない、中国とロシアとの両方一緒には戦えないという論理なのですが、実はこれにはいまも危機感があります。いまの一部保守層がどう言っているかというと、台湾有事のことがあるからウクライナに構ってる暇はないのではないかというわけです。これは全く同じ理屈です。確かにリアリストとしてそう思うというのは1つの面かもしれませんが、もう1ついま気付いて思ったのは、頭のいい人って、なんかちょっと違うことを言いたがるところがあるので、何かいまみんな熱心にウクライナ支援って言ってるけどそんな余裕はないって言いたがるような、そんな傾向があるのかなというのは感じます。

当たり前の話ですが、ロシアを真ん中に見て、西隣は国境を接して侵攻されているウクライナです。東隣がどこかというと、北方領土問題がある日本なわけで、あの大きなロシアだから気づきにくいですが、地政学的あるいは単純に見てもウクライナと日本は結構似た状況だと思います。それに備えておく必要というのはもちろんのことながら、亡くなられた安倍晋三元総理とプーチンが27回会って、蜜月を深めたというのは、ある意味もう歴史的な事象として終わったことなので、やはり現在の事象を見てこれに対応していくというのが大事ではないかと思います。

石井　最後にお聞きしたいのが、ロシアが崩壊したとして、その後どういう世界になるかということです。つまり、いまのロシア・ウクライナ戦争というのは、ソ連の復活を夢見るソ連の亡霊によって起きているとも言えます。ロシアが崩壊した後、その亡霊となったロシア人、「偉大なロシア」の復活を夢見るロシアの亡霊をどうするかです。放っておいたら、いまソ連の亡霊が動き出して、ウクライナを攻めているようなことにまたなりかねません。ロシアが崩壊した後、どのような世界を形成していくかということを岡部先生とグレンコさんに最後まとめていただけたらと思います。

グレンコ　まず「崩壊」という言葉を使いますが、結局ソ連崩壊の時もそうでしたが、地図で見ると、崩壊したというよりも、巨大なものから、ちょっといくつかの破片が崩れて巨大なままです。ですから、おそらく、ロシア崩壊と我々は言っていますが、今回独立を求めている諸民族が独立をする場合、私はチェチェンや北コーカサスは独立できると思います。またタタールスタンもできると思います。そしてトゥヴァもできると思います。ブリヤート人とヤクート人（サハ共和国）は、半々でわかりません。だけど、仮にいま言ったような、ロシア人に完全に民族浄化されずに、まだ自分たちの国の中で多数派を占めている諸民族が、実際にロシアから離れて独立をした場合でも、ロシアは世界最大の面積の国のままです。サハ共和国が離れたらちょっとギリギリですが、約１２００万平方キロの領土で世界最大の国のままです。

つまり、核兵器もそのままですし、国連で改革が進まない場合は国連の常任理事国の席もそのままです。みんな独立したとしても、そういう状態です。ですからまた今回も「崩壊」が起きた時に、それは崩壊ではなくていくつかの破片が離れて、主体はそのまま無事です。弱っただけで。だから今度「崩壊」が起きた場合、私は起きると期待していますが、世界はソ連崩壊の直後と同じ過ちを繰り返してはいけません。ソ連が崩壊した時に、西側はエリツィンのロシアに対してものすごい支援と支持をしました。もう本当にとてつもない、経済支援、食糧支援、外交的なサポート、そして悪事に完全に目をつむって、もう優遇中の優遇をしたわけです。その結果、ロシアは力を取り戻して、いままた侵略戦争をやっています。次に一部の破片が離れてロシアがもうちょっと縮小して、そして一時的に弱くなった時には、もし国際社会に復帰したいのであれば、色々な条件があるとはっきりさせなければなりません。まずは、非核化、軍事力の縮小、民主化。そして、その時に独立できなかった民族に対してしっかりと自治権を認めること。チェチェンのような体力がなくてロシアを離れられなかった民族に対して、今後離れる権利を認めるなどです。様々な条件をつけて初めて、国際社会復帰と経済支援、食糧支援を認めます。そうでないと、結局、またしばらく時間が経って、いまよりちょっと小さくなったロシアが、また祖国失地回復作戦ということで、例えばそれこそタタールスタンに対して「特別軍事作戦」をおこなうとか、ヤクートに対して「特別軍事作戦」をおこなうとか、十分に考えられる展開です。とにかくソ連崩壊の時の失敗にこりて、国際社会復帰の条件として、しっかりした民主化とこれ以上侵略戦争ができないような仕組み作りが必須になると思います。

岡部　いまのグレンコさんと似ていますが、一言で言うと「メイク・ロシア・スモール・アゲイン」です。「メイク・アメリカ・グレイト・アゲイン」ならぬ「メイク・ロシア・スモール・アゲイン」。それは、いまグレンコさんが言われた通りです。領土はチェチェンが独立しても大きなまま残るとはいえ、小さくなる。元々はモスクワ公国から出てきたロシアなので、極端なことを言うとそこまで戻ってもいいのだと思います。それはさすがにありえないでしょうが、理屈としてはそこまで戻っても良い。さっきおっしゃった通り、征服されていた、植民地化された民族は、少なくとも、一緒にやるという権利があるとともに、離れるという権利も与えられて当然です。だからいま言った通り「メイク・ロシア・スモール・アゲイン」とロシア人自身に思わせるような政策を、どんどん取っていくべきじゃないかと思います。その意味でも少数民族の人たちが分離独立したいという運動が起こってきているのは、すごく意義深い。現状だけではなく、歴史的にも意義深いと思います。

石井　実は、民族運動のメンバーが「メイク・ロシア・モスコビー・アゲイン（ロシアを再びモスクワ大公国に）」という言葉をＸ（旧ツイッター）で時々書いていました。モスクワ大公国にまでなるかは別として、方向性としてはおっしゃられる通りだと思います。

グレンコ　民族運動のあり方については、彼ら次第というところになるし、非常にいろいろな複雑な事情があるので、それについてはこうあるべき、ああるべきは余程の事情がわかる専門家でない限りは言うのは難しいですが、ただ、我々独立国家を持っている国民、自由主義国家に住んでいる我々はどういうスタンスで、この運動、そしてこのロシアにあるものをどう見るべきかというのは非常に大事なポイントです。

そうすると、まず今回何度も「少数民族」という言い方が出ましたが、私はなるべく「先住民」という言い方を使おうと思います。つまり少数民族というのは、別に祖国があって、外国に住んでいる人々です。だから例えば、私は日本において少数民族ですが、ウクライナに戻ったらその国の民族です。例えばウクライナでいうと、ロシア人は少数民族ですが、クリミア・タタール人は少数民族ではなくて、数は少ないですが先住民です。だから、ロシアに支配されている各地域に住んでいる人たちは、ほとんどが少数民族ではなくて先住民なので、まず先住民と呼びましょう。それは意識変化の1つです。

そしてもう1つ、ロシアを見る時に、やはりそれを地図では1つの国として載っていますが、それはあくまでも侵略、征服と民族浄化によって、無理やりまとめられた諸民族の集合体に過ぎないわけです。1つのものではないと見るべきです。だから、歴史に例えるとしたら、いまのロシアは、イギリスではなくて大英帝国、フランスではなくてフランス植民地帝国です。いまのいわゆるロシア連邦なるものというのは、モスクワという宗主国があって、その宗主国によって、各植民地が植民地支配を受けている、という状況だということをまず意識するべきです。その認識がまず国際社会、自由主義国家の中で広まれば、当然、機運が高まった時にどうするべきかというのは自然に見えてくると思います。だから民族運動をどう支援するかという話の前に、北ユーラシアというもの自体をどう見るかがまず第一です。北ユーラシアをどう見るかという認識を変えるというのは、我々にとって大きな課題になると思います。

また、先述したように、現在、欧米はロシアの崩壊には非常に否定的です。なぜか。それは、ロシアを1つの国として認識しているからです。西側の常識では、仮に悪いことをしている国家でも、抑止するのはいいですが、破壊するのは間違っていることになっています。悪い国でも、独立国家の崩壊を目指すべきではないわけです。しかし、いわゆる「ロシア連邦」というのは1つの国ではなく、モスクワ政府に無理矢理植民地支配をされている民族の集合体だと理解すれば、見方が変わるかもしれません。だから、ロシア崩壊という言い方もやめるべきだと思います。ロシアの崩壊ではなく、北ユーラシア諸民族の解放・独立だと言うべきです。これなら、悪い響きは全くないし、独立国家を破壊しているようには聞こえません。第二次世界大戦以降、植民地の解放、独立は世界の流れになっています。北ユーラシアの諸民族解放もその流れの一環だという理解を自由民主主義諸国の中に広めれば、国際世論を変えるのは十分可能なことだと思います。

岡部　まさにそれこそが自由ユーラシア調整センターの役割でもあると思います。

（鼎談《ていだん》：2024年5月下旬）

あとがき

ロシア・ウクライナ戦争は我が国の安全保障政策に実に大きな変化を与えた。言うまでもなくその最大のものは、2022年12月の安保三文書改訂であり、私はこれを大変高く評価している。そのような中で、ロシア・ウクライナ戦争は我が国の言論界に大変奇妙な現象を生じさせてもいる。政界にあっては、自民党から共産党までが、ロシアを非難してウクライナ支援を標榜している。一方で、これまで平和を標榜してきていたはずの左派・リベラル陣営の中には、アメリカ帝国主義が支援しているウクライナを支援することはできないとする言論もあり、同時に、北方領土返還要求など反ソ連・反ロシアであった右派・保守陣営の一部には、ロシアは反グローバリズムの旗手であり、ロシアには戦争に踏み切らざるを得なかった理由があると唱えている人々もいる。実は私自身が個人的には親しくお世話になっている方々の中にも、そのような議論をされている方もいる。左派・リベラル陣営の一部と、右派・保守陣営の一部が、一周回って親ロシアで手を握るかの如き奇妙な状況が生まれている。とりわけインターネットの言論空間では、その現象が顕著だ。

これらの親ロシアの人々からすると、本書は親ウクライナ・反ロシアの言論であると非難の対象になるかもしれない。だが、タイトルだけを見て決めつけないでほしい。それでは「パブロフの犬」でしかない。本書は、ロシア・ウクライナ戦争における親ロシアか親ウクライナかを主題とした本ではない。親ロシアであろうが、親ウクライナであろうが、どちらの立場であるかにかかわらず、ロシア連邦の内部に多くの民族問題があることから目を背けてはならないということを問うているのだ。事実として、ロシアには、民族問題、人権問題が存在している。

もう1つ、「ロシアは反グローバリズムの旗手」であるとの日本国内にある言論に一言加えておきたい。本書を読んでもらえばわかる通り、ロシア連邦は巨大な植民地帝国に他ならない。つまり、ロシア連邦とは、19世紀型の植民地主義・帝国主義というグローバリズムそのものなのだ。ロシアはDS（ディープ・ステイト）と戦う反グローバリズムだという議論もあるが、実際は単なる反欧米（西側）でしかないことは、ロシア自らがグローバル植民地帝国であることが証明している。さらに言えば、日本の右派・保守の中で、ロシアが反グローバリズムだとして親ロシアを標榜する人々の多くは、中国におけるチベット・ウイグル・南モンゴルの自由や独立を応援していると思われる。一方においてチベットやウイグルや南モンゴルが中国から独立することは応援しつつ、ロシア連邦下のチェチェンやブリヤート・モンゴルやタタールスタンにはおとなしく我慢しておけとでも言うのであろうか。それでは全くのダブルスタンダードでしかない。私が本書で訴えたいことはただ1つ、ロシア連邦下で苦しんでいる諸民族には、自由と独立を求める権利があるということだ。そしてその運動は存在し、現実に動いている。

さて、本書では我が国随一のウクライナ専門家である岡部芳彦先生と、在日ウクライナ人の国際政治学者として言論活動をおこなうグレンコ・アンドリーさんに鼎談という形でご協力をいただいた。改めて厚くお礼を申し上げたい。岡部先生との出会いはこれもまた実に面白い形だった。鼎談で岡部先生ご自身が話している通り、ウクライナ国営通信社の平野氏からの依頼で岡部先生は「ロシア後の自由な民族フォーラム」の創設者であり事務局のマガレツキー氏に出会っている。ほぼ同じ時期に、私は海外のモンゴル人たちからの紹介でマガレッツキーに出会った。ウクライナ在住のウクライナ人であるマガレッツキーとフォーラムを通して、日本人同士である岡部先生と私がつながるというユニークな出会いだった。しかも、ウクライナの専門家で学者の岡部先生と、民族問題・国際人権問題の言論活動とロビー活動や市民運動を主とする筆者という全くの畑違いでもある。岡部先生からは大変広範な知識と経験から多くの学びをいただくことができた。心から感謝を伝えたい。また、グレンコさんの深い考察にもいつも驚かされる。鼎談を読んでいただければわかるが、グレンコさんの言論は非常に論理的に組み立てられている。それも、書いているものがそうであるだけでなく、話をしている時にも同じように、瞬時に順序立てて論理的に話をしている。鼎談でグレンコさんが述べているように「この戦争はまだまだ続く」であろうことから、様々な面で大変厳しい状況だと推測するが、これからも益々活躍されることを祈念して感謝を伝えたい。

なお本書は、紙幅の都合などから収録できなかった人々へのものも含めて、膨大なインタビューに基づいて書かれているが、それらのインタビューの通訳と翻訳は全て妻である石井陽子（ランダムヨーコ）がおこなってくれたものだ。妻の存在なしには、本書はもちろん存在していないし、私の活動のバックグラウンドである海外のネットワークも生まれていない。2人で作り上げている活動であり、ネットワークであって、本書もまたその1つの成果だ。いつも最も支えてくれている妻への感謝もここに記したい。

そして最後になるが、本書を世に送り出してくださったドニエプル出版の小野元裕社長にもこの場を借りて謝意を表させていただき、筆を擱《お》くこととする。

《著者》石井 英俊（いしい・ひでとし）

昭和51年（1976年）福岡市生まれ。九州大学経済学部経済学科卒業。経済団体職員等を経て、民族問題・国際人権問題を専門とする言論活動を展開している。インド太平洋人権情報センター代表、自由インド太平洋連盟副会長など。2021年3月中国の人権問題を非難する国会決議の成立を求めて、日本国内に在住するチベット、ウイグル、南モンゴル、香港等の主要な民族団体13団体の結集を図り、インド太平洋人権問題連絡協議会を結成して事務局長に就任し、各民族間の連絡調整と意見集約を担い、国会議員側との折衝の窓口の任に当たるなどした。また、中国政府が作成に関与したとされている3千人に及ぶブラックリスト「香港解密」に日本人でただ1人載せられた他、「中国の国家分裂を画策している」と香港の親中国政府系新聞において度々名指しで批判されるなど注目を集めてきた。妻・石井陽子との二人三脚で、海外に独自の幅広いネットワークを構築している。

《通訳・翻訳》石井 陽子（いしい・ようこ）

昭和60年（1985年）福岡県生まれ。関西外国語大学英米語学科卒業。フリーチベット福岡代表。ランダムヨーコとして知られている。政治と歴史に関するYouTubeチャンネル「randomyoko2」の登録者数は5万人を超え、800万回以上視聴されている。著書に『新・愛国論』（桜の花出版）がある。英語での論文がJapan Forward（ジャパン・フォワード）に掲載されている他、Foxニュース、CNN、BBC、CBS、ラジオ・フリー・アジア、サウスチャイナ・モーニングポスト、ブライトバート、チベットテレビなどの多数の英語メディアにおいて、日本人コメンテーターとして発言が紹介されている。

やがてロシアの崩壊がはじまる

発行日	2024年9月22日初版ⓒ
著者	石井英俊
通訳・翻訳	石井陽子
発行者	小野元裕
発行所	株式会社ドニエプル出版
	〒581-0013 大阪府八尾市山本町南6-2-29
	TEL072-926-5134 FAX072-921-6893
発売所	株式会社新風書房
	〒543-0021 大阪市天王寺区東高津町5-17
	TEL06-6768-4600 FAX06-6768-4354
協力	日本ウクライナ文化交流協会
印刷所	株式会社新聞印刷
製本所	株式会社米谷

ISBN978-4-88269-935-4